가춘리의 봄

고완기 수필집

圖書出版 修書院

이 도서의 국립중앙도서관 출판시 도서목록(CIP)은 서지정보유통지원시스템 홈페이지(http://seoji.nl.go.kr)와 국가자료공동목록시스템(http://www.nl.go.kr/kolisnet)에서 이용하실 수 있습니다(CIP제어번호 : CIP2017030371).

책을 내면서

상서로운 아침 햇살이 갈미봉을 비춘다.

할머니는 어린 손자와 논두렁을 지나 '가춘리' 세 골짝에서 흘러오는 맑은 냇가에서 세수를 하셨다. 할머니는 서울 남대문 근처 봉래동의 부잣집 셋째 딸로 태어나, 14세 때 그 당시 이태원에 살던 우리 집으로 시집오셨다. 할머니는 이곳 산골로 이사를 오게 된 사연을 푸념삼아 손자에게 들려주시며 서울로 다시 가서 친척들과 살기를 원하셨다. "우리 집에서 네가 출세해야 힘든 농사일과 산골생활을 벗어날 수 있다"는 말을 필자는 할머니와 아버지로부터 수없이 듣고 자랐다. 그 시절 아버지도 농사일은 행랑채 머슴 내외한테 맡기고 서울·원산·함흥·주천 등 객지에서 생활하셨다.

그 후 뒤늦게 가정으로 돌아오시어 온 가족이 농사에 매달렸지만, 우리 집은 해마다 가세가 기울어져 갔다. 나는 성장하면서 고향을 떠나려 몸부림쳤고, 출세를 위해서는 서울로 가야겠다는 생각뿐이었다.

나의 공직생활도 중원군청, 청주시청에서 한동안 하였으나, 다시 서울시청으로 옮기면서 정년퇴직할 때까지 35년간 충직한 공무원생활로 이어졌다. 나는 서울의 역사와 문화에 남다른 관심을 가지면서 '서울문화사학회'를 만들었다. '서울정도 600년 기념행사'에 즈음하여 문화재과장으로 서울의 문화재 복원과 전통문화 재현을 위해 정열을 쏟았다. 정년퇴직 후에도 서울의 역사와 문화를 내·외국인에게 안내하고, 문화해설사로 봉사하며 청소년들의 현장학습에도 전념을 다했다.

2011년 고희古稀를 넘어 수구초심首丘初心 36년 만에 돌아온 고향은 전보다 많이 변해 있었다. 그 옛날 집터와 전답田畓은 '추평저수지' 물속에 침잠沈潛되어 흔적도 없지만, 우리 남매들이 뛰놀던 산천은 그대로 나를 반겼다. 또 집 동산에 잠든 할머니와 부모님에 대한 그리움은 지울 수가 없어 나는 우리 산 주변에 농막을 짓고 농사를 하면서 살고 있다.

내 고향 '가춘리'도 명망있는 수필가 김애자 씨 가정을 비롯하여 청정한 마을로 수렛골, 호롱골 골짜기마다 아름다운 집들로 새롭게 변모했다. 최근에 조성된 둘레길 '산뜰애'를 걷노라면 덧없이 흘러간 세월이 아쉽고, 지나온 족적들을 글로써 남겨보고 싶은 충동이 샘물처럼 솟았다. 그동안 서울시에 재직 중 심혈을 기울였던 '인사동전통문화거리·남산골 한옥마을·대학로·풍납토성·북한산성'을 복원하며 전통문화와 역사연구를 비롯한 역사유적지를 답사하면서 느꼈던 탐방기 등, 몸과 마음을 다듬어가며 떠오르는 생각을 글로 표현해보았다. 나의 수필공부는 서울문화사학회에서 고락을 함께 한 동향의 정기용 회장, 서울시문우들, 〈광나루문학회〉의 박도영 선생, 발제문까지 써주신 윗마을의 김애자 선생 등의 권유가 있었으며, 모든 분들에게 감사의 인사를 드린다.

끝으로 나와 결혼 후 오직 남편의 출세와 삼남매(인혁·정현·유미)를 보살피며 가정의 화목을 위해 애쓴 아내에게 무한한 고마움을 표한다. 이번의 출간을 계기로 우리 가족은 더욱 보람찬 날들로 의미있는 삶을 살아가려고 한다.

−2017년 11월 가춘리 수렛말 농막에서 운경雲耕 **고 완 기**−

고완기 선생의 책 발간을 축하하며

〈광나루〉 수필반 회원으로 만난 고완기 선생과의 인연에 감사하는 마음입니다.

선생의 글 편편마다 아름다운 시정詩情이 넘치는 이유는 산수 수려한 경관의 고향 가춘리에 대한 추억 때문이 아닌가싶습니다.

여러 편의 좋은 글을 감상하는 가운데 선생의 보폭 넓이가 너무 방대하여 우선 놀랐습니다. 동서양을 막론하고 많은 곳들을 다니며 견문을 넓히시어, 독자로 하여금 감동을 느끼게 하지요.

선생의 삶에서 많은 업적들이 있지만, 35년간의 공직생활을 통하여 나라사랑이 얼마나 투철하셨는지 알 수가 있습니다.

서울시에 재직 중 '서울정도 600년 기념사업' 당시 문화재과장으로 '남산 한옥마을과 풍납토성, 북한산성'을 복원하고, 전통문화와 역사연구에 심혈을 기울이셨지요.

또 일본의 발전된 수도시설을 서울상수도에 반영코자 일본을 방문할 일이 생기자, 오사카의 일본어학원에서 10개월간 언어학습을 받았다는 철저한 책임의식에도 저는 무한한 감동을 받았습니다.

사람의 일생이 짧다고 하지만, 그 사람의 살아온 역사는 사회나 국가적으로는 영구히, 가족으로서는 자손만대에 이르도록 세세한 기록으로 보존이 됩니다.

우리가 허투루 살 수 없는 이유이기도 하지요. 저도 요즘 '내가 과연 바르게 살아왔는지'에 대한 글로 '나잇값'이란 수필을 한 편 쓴 적이 있답니다.

고완기 선생의 유년, 청·장년기를 거쳐 노년에 이르신 일생의 업적들은 그야말로 크고 소중한 삶의 길이기에, 진심으로 존경하지 않을 수 없습니다.

이제 '수렛골, 호롱골' 등 이름도 아름다운 고향 가춘리에서 할머니와 부모님에 대한 그리움으로 농막을 짓고 사신다는 선생을 상상해 봅니다. 완성된 인격자로서 참 삶을 사시는 것 같아서 무한한 동경심을 불러일으키기까지 합니다.

이제 노년에도 더욱 건강하시고 가족의 평안하심을 기원합니다. 또한 좋은 글도 쓰시며 선비로서, 수필가로서의 자존감을 지켜주시옵기를 바랍니다.

2017년 수필가 박도영 올림

필생을 글 집에 담아

먼저 고완기 선생님 수필집 출간을 축하드립니다.

제가 이웃마을에 살고 있다하여 발문을 부탁받았으나 선생께선 이미 팔순 문턱에 이르셨습니다. 결코 가볍지 않은 삶의 족적에 제 어쭙잖은 글이 도리어 누가될까 조심스럽습니다.

선생께선 가춘리란 궁벽한 산촌에서 태어나 서울시청 공무원이 되셨습니다. 크게 출세한 셈이지요. 게다가 정년을 맡기까지 서울시청공무원 중에서도 문단에 등단한 분들끼리 만든 「市友」란 모임에 들어가 동인활동을 꾸준히 해 오셨습니다. 직장생활을 하는 동안 틈틈이 우리 문화재와 전통문화에 안목과 지식도 차근차근 쌓으셨습니다.

글은 바로 그 사람이란 말이 있습니다. 그 사람이 살아온 이야기를 주제로 삼았기 때문입니다. 더구나 선생께선 시골태생입니다. 선생의 작품 속에는 시골태생답게 고향의 소리와 고향의 맛에 대한 그리움이 짙게 배어 있습니다. 이건 선생의 몸 자체가 고향의 소리와 맛을 담은 울림통이기 때문일 것입니다. 개구리 울음소리와 소쩍새와 호랑지빠귀 울음소리와, 워낭소리, 다듬이소리, 군불 지핀 아궁에서 불똥을 튀는 소리까지 소리란 소리들이 의식 저 깊은 바다까지 배어 있었으니까요.

또 한 줌 박토에도 봄볕 다사롭게 내려앉으면, 그 햇살 천지사방으로 번지어 살구꽃, 진달래, 산벚꽃 화사하게 피던 산촌의 시정도 배어 있습니다. 황사 자욱한 봄날, 촌부들이 가래질하던 손길 멈추고 산발치에서 밭갈이하는 이웃집 영감까지 손짓해 사기대접에 막걸리 한 사발 부어 나누어 먹던, 그 인정스러움도 때때로 그리움을 불러일으키었습니다. 어머님이 만들어 주신 감자송편도, 청국장 맛도 취나물 맛도 엄나무순의 배틀한 맛도 속절없이 그리웠습니다. 그 속절없고 애틋한 것들을 모아 어설프게나마 글 집 한 채를 짓게 된 것입니다.

그래 선생의 글은 시골밥상처럼 소박합니다. 찬이(문장) 변변치 못하지만 꾸밈이 없습니다. 문장으로 화려하게 치장할 줄 몰라 그냥 가슴 속에서 나오는 대로만 썼습니다. 다소 어설픈 구석도 있지만 어설픔이란 순수하다는 뜻도 포함되어 있음을 어찌 모르리까.

선생께선 당신 생전에 이 한 권의 책이 처음이자 마지막이 될지 모르겠다고 하셨습니다. 생각해 보면 충분히 그런 소회가 들만도 합니다. 팔순이란 나이가 적지 않기 때문입니다. 그러나 지금은 백세 시대입니다. 앞으로도 지나간 날들이 속절없이 그리워지거나 영혼의 허기를 느낄 적마다 펜을 들다보면 두 번째 글 집을 짓게 되실 겁니다. 그런 날이 있기를 희망하며 두서없이 발문을 예서 매듭짓고 물러섭니다. 부디 건강하옵시고 천수를 누리옵소서.

수렛골 청향당에서 김애자 드림.

목 차

2부 우리집 감나무

3부 눈 오는 날이면 생각나는 사연들

4부 고향으로 가는 역사의 길목에서

5부 남산골 한옥마을

1부
출 가

고향 갈 때 있었던 일

지하철을 많이 이용하는 나는 '주변에 수상한 사람이 있으면 국가정보원에 신고하라'는 방송을 가끔 듣는다. 불과 몇 년 전만해도 신고 대상자는 간첩이며 신고하면 상금을 준다는 내용만을 당부했다.

요즈음 시대가 변했음인지 시민의 자발적인 협조만을 당부하니, 나는 관심을 갖고 방송을 듣는 사람이 과연 몇 사람이 될까 의문이 든다. 그러나 나만은 그 방송을 들을 때면 수년 전 고향을 찾아갔을 때의 기억이 다시 떠오른다.

내 고향은 원주 백운산(해발 1,087m) 줄기가 서남으로 뻗어내려 한줄기는 남한강에서 멈추고 또 한 줄기는 동남으로 휘어진, 박달재와 천등산자락이 앞을 막아 사방이 높은 산으로 둘러싸인 산간

마을이었다. 면소재지에서 옛 신작로를 따라 한 시간 반을 더 걸어가면 '갈미봉'을 등지고 30여 농가가 반달처럼 옹기종기 모여 살았다. 그런데 고향마을이 천혜의 용수用水 댐의 입지로 결정되어 조상대대로 살아오던 주민들은 정들었던 고향을 떠나게 되었다.

우리 집도 선대로부터 살았던 서울로 50년 만에 다시 옮겨왔다. 하지만 시골에는 누구나 간직하고 싶은 어린 시절의 추억이 묻었고, 정이 무척 많았던 할머니의 묘소가 있기에 가끔 찾아간다. 지금 가보면 마을전체가 수몰되어 큰 저수지로 변해버려 부근의 산세만으로 우리 집터와 동네 자리가 어렵사리 생각난다. 그리고 7남매가 자랐던 기와집과 그리운 친구들의 얼굴이 영상처럼 물위로 떠오른다.

1981년 초봄, 나는 고향에 가려고 동마장 시외버스터미널에서 제천행 버스를 타고 가다 세 시간 후 면소재지에서 내렸다. 나는 할머니 묘소에 놓을 술과 안주를 사려고 조그마한 가게에 들어갔다.

"아주머니! '삼학대왕'표 술 한 병 주세요." 평소 술을 전혀 못하는 나였지만 삼학三鶴소주가 좋은 술로 알고 청했다. "그런 술은 없습니다." 주인아주머니는 다소 퉁명스럽게 대답하면서 내 얼굴을 살펴보며 상표도 없는 정종을 보이면서 값도 헐하고 시골에서는 많이 팔린다며 그 술을 사도록 권했다. 시골가게라 고급술은 없는 것으로 알고 생전에 할머니가 좋아하시던 과일과 함께 샀다. 그리고 만 원권 지폐 한 장을 주니 얼마간의 거스름돈과 술병을 종이팩에 넣어주었다. 가게를 나와서 고향마을로 올라가는 버스 시간을 물어보니 한 시간은 더 기다려야 했다.

나는 어린 시절 통학했던 길이라 버스가 오면 승차할 양으로 한동안 휘적휘적 걸어갔다. 옛날에는 자동차가 겨우 한 대 다닐 수 있던 도로였다. 지금은 농촌 경제가 많이 좋아져서 그런지 길도 꽤나 넓어지고, 시내버스가 들어와서 걸어가는 사람은 나밖에 없었다. 중학교 시절 길가에 주막집이 한두 군데 있어 다리가 아프면 마루에 걸터앉아 쉬어가기도 했다. 또 5일장이 서는 날이면 농사에 지친 어른들은 술잔을 나누면서 삶의 회포를 풀기도 했다.

중원지방의 농요 '대허리'를 두레패가 정답게 불러 평화스런 마을이었는데, 지금은 삭막한 느낌마저 감돌아 막상 고향을 찾아와도 허전하고 아쉬운 생각만 들었다.

차가 별로 다니지 않는 한적한 시골길을 걷노라니 내 마음은 벌써 할머니의 영혼이 잠들어 계시는 마을 뒷동산으로 달려가는 듯했다.

할머니는 서울 남대문 근처 봉래동 전주이씨 선산군 문중의 부잣집 셋째 딸로 태어나 열네 살에 용산 이태원에 있던 우리 가문으로 시집오셨다. 할아버지는 당시 용산나루에서 충주 목계까지 뱃길을 왕래하는 경강상인京江商人이셨다.

할아버지는 많은 전답을 사놓고 부호로 살았다. 그런데 조부님이 갑자기 돌아가시면서 가세가 기울어 충주로 내려와서 어렵고 힘든 농촌생활을 하다가 92세로 돌아가셨다. 할머니는 손자인 나에 대한 사랑이 극진하셨다. 할머니의 모습을 떠올리니 그 순간 생전에도 그랬듯이 마을 앞까지 나오셔서 조그마한 얼굴에 미소 지으며 나를 기다리고 있을 것만 같았다.

그 순간 "어디를 가십니까?"하는 소리에 얼핏 보니 전투복 차림의 경찰이었다.

"고향에 오는 길입니다." "왜 먼 길을 차를 타지 않고 걸어서 갑니까?"

"옛날에는 거의 걸어서 다닌 길이라 걷다가 버스가 오면 타지요." 라고 말했다. 그 때서야 비로소 나는 불심검문을 받고 있다는 사실을 알게 되었다. 검문검색을 별로 당해본 적 없던 나는 고향에서 불심검문을 당하게 되니 너무나 기가 막히고 황당무계하여 그 자리에 멈출 수밖에 없었다.

"여기가 고향이라면 아는 사람 있으면 말해보세요." 그는 다시 재촉했다. 고향을 떠나 오래된 탓이라 몇 명 안 되는 고향 친구 이름조차 얼른 떠오르지 않아 대답도 못하고 엉거주춤 서있는 나에게 "신분증 좀 보여 주실까요?"라고 물었다. 순간 내 손이 바지 뒷주머니로 가자 그는 얼른 내 손목을 잡으면서 손을 들고 있으라며 내 몸을 수색하기 시작했다. 정든 고향에서 이방인 신세가 되고 급기야 수상한 사람으로 취급을 받게 되니 내 자신이 비참해졌다. 아마도 잠바차림에 운동화를 신고 있던 나의 모습이 그날따라 경찰에게는 더욱 의심을 자아내게 한 것 같았다.

한참 후에 그는 내 주머니에서 신분증을 꺼내면서 "공무원이시군요?" 라며 그도 다소 긴장을 푸는 기색이었다. 그러면서 누군가에게서 신고가 들어왔다는 귀띔을 했다. 평소 신분증을 별로 휴대하지 않는 나였는데 한편으로는 다행스러웠다.

그는 나의 공무원증을 다시 주면서 미안하다는 말을 남기고 돌아갔다. 되돌아보니 멀리 빈 자전거 한 대가 서 있는 것을 보니 아마 그곳에서부터 나를 미행한 것 같았다. 누가 나를 신고했단 말인가! 나를 간첩으로 신고한 사람이 도대체 누구일까?

그 순간부터 내 심경은 신고한 사람을 찾아내려는데 집중되었다.

서울에서 올 때 내 옆 자리에는 사람이 없었고, 차에서 하차하여 이내 술과 안주를 사기위해 가게에 들른 게 고작인데 누가 신고를 했단 말인가! 아무리 생각해보아도 얼른 떠오르지 않았다. 나는 신고한 사람이 원망스러웠다. 그날따라 고향에 온 것조차 후회가 되고 즐거워야할 귀향의 발걸음이 무거워져 더 이상 걸어가기도 싫었다.

몇 분 후 버스가 와서 승차하여 산마루를 돌아 할머니 묘소 근처에서 차를 세워달라고 기사에게 청했다. 그런데 차에서 한 발 내딛는 순간 '탁'소리가 났다. 지금까지 소중하게 들고 왔던 종이팩에 담긴 술병이 산산조각 나버렸다. 오랜 시간 정종무게를 견디지 못해 내릴 때 충격으로 종이 팩 밑이 빠져버린 것이다. 부근에는 다시 술을 살 수 있는 매점도 없어 기분이 무척이나 우울했다.

할머니 묘소에 이르자 나는 술 한 잔 올리지 못하는 불효를 저지른 죄책감 때문에 눈물이 왈칵 솟아올라 한동안 어린아이처럼 엉엉 울고 말았다. 서울로 오는 차 안에서 내 옆 좌석의 사람에게 그날의 정황에 대하여 이야기를 나누었다.

그는 '삼학소주'는 목포에서 생산하던 술로서 회사가 없어져 절품된 그 술을 달라고 한 점, 거스름돈을 세지 않고 그냥 받았던 점, 남한물가에 어두운 간첩이 저지를 수 있는 소행으로 오해를 살만

하다며 오히려 나에게 오늘 운이 좋았다고 농담까지 하며 웃었다. 그 때서야 불쾌했던 마음이 풀렸고 신고를 하게 만든 책임이 자신의 무지와 부주의였다는 것을 알게 되어 공연히 신고한 사람을 원망했던 내 자신이 부끄럽기도 했다. 그 당시는 '간첩을 신고하면 상금도 타고 갯돈 붓자'라는 표어가 회자되었던 때였다. 내가 들렀던 가게주인의 간첩식별이 놀랍고, 농촌사람들의 신고정신이 투철하여 수상한 사람이 농촌에 은거하기도 쉽지 않을 것 같다는 생각이 들었다.

그 시절은 국가안보가 최우선이었고, 수상한 사람에게 대한 신고훈련이 잘되어 있었다. 오늘날 우리 모두가 편하게 사는 것도 그 때의 안보정신이 잘된 덕분이라고 생각한다. 그 후 나는 부끄럽지만 경찰관 교육이나 민방위 강사로 여러 번 연단에 섰다.

그럴 때마다 고향에서 부지불식간의 간첩으로 오해받았던 경험담을 들려준다. 국민 각자의 신고정신은 국방의무를 충실히 하는 첩경이라고 강조하여 나는 많은 박수를 받기도 했다. 아직도 남북통일은 요원한 문제 같고, 북한이 핵실험으로 우리를 협박하는 현실이 두렵다.

전쟁은 무기와 국력으로 승패가 결정되지만 안보를 튼튼히 하고 대형 사고를 방지하여 국가와 사회가 안정되도록 협력하는 것도 통일의 한 방법이라 생각한다. '우리 주변에서 수상한 사람이 있으면 신고하라'는 지하철 방송에 더 많은 시민이 귀를 기울여 수상한 자에 대한 신고정신이 하루속히 국민 모두에게 정착되도록 지하철 홍보가 좀 더 실용적인 내용으로 바뀌지면 좋겠다.

출 가出家

내 고향 마을로 가는 좌측산록에 임오군란 때 명성왕후가 피신 때 세웠다고 전해지는 백운암이 있다. 우측 장병산 정상에는 제비집처럼 달려있는 '독짝골' 절이 또 있다. 그 절은 조그만 암자로써 아랫동네 이름을 따서 독작골로 불리어진다.

나는 유년시절 어머니를 따라 그 절에 갔었고 초등학교 때 소풍을 가기도 했다. 절로 가는 길은 경사가 심해서 어른들도 몇 번 쉬어서 올라간다. 절 뒤 바위에는 '영천암靈泉菴'이란 글자와 그 밑에 옹달샘이 있어 음용수로도 사용한다. 절에 이르면 동쪽에는 천등산이 지호지간指呼之間거리며, 멀리 충주의 계명산과 탄금대와 달천이 시야에 들어온다.

요사채 앞에는 300년이 넘는 아름드리 노송이 절 마당을 덮고 있어 비록 초라한 암자지만 역사가 꽤 오래 된 것으로 보였다. 농촌의 절은 신도가 그리 많지 않고, 신도들이 머리에 이고 오는 공양미 이외는 운영에 보탬 될 만한 재원이 없어 오랫동안 수리를 못해 폐사처럼 보이기도 했다. 절 앞 비탈진 곳에는 봄이면 복숭아, 살구, 오야꽃이 만발하여 경치가 좋아서 인근 초등학교에서 소풍도 온다. 주변에 소나무가 울창하여 그 사이로 불어오는 바람은 오를 때 흘린 땀을 금방 씻어준다. 그 절에는 초가삼간의 요사채와 함석지붕의 법당이 전부다.

그 시절 우리 집은 할머니와 부모님을 비롯하여 내 위로 누님이 둘이고, 내가 셋째로 1남 5녀였다. 어머니는 나를 독신이 되지 않기 위해 계속 동생을 낳았지만 남동생 셋을 잃고 나서도 이 독짝골 절을 지성껏 다니셨다. 그 절을 믿고 아들을 낳았다는 소문이 자자하여 고향에서는 아들 낳고자 절을 찾는 신도들도 많았다. 스님은 어머니 사주팔자에 임종 자식이 둘이라고 하면서 열심히 부처님을 모시면 소원이 이루어진다고 어머니에게 용기를 주셨다.

그 때는 나도 남동생 하나 있었으면 하는 바램이었다.

어머니는 그 절의 일등 신도였다. 스님이 우리 집에 오면 극진히 대접하고 어려운 살림에서도 시주를 많이 하는 편이었다. 스님도 날이 저물면 우리 집 행랑채에서 자고 갈 때도 있었다. 어머니는 그 절에 가시다가 혹시 뱀을 보면 다시 돌아와서 목욕을 한 후에 가셨고, 머리에 이고 가는 공양미도 쉴 때는 절대로 땅바닥에 놓지 않고 무릎 위에 놓고 쉬었다.

나는 6·25한국전쟁 때 초등학교 6학년이었다. 아버지는 나를 은행원이 되도록 서울 원효로 외가근처의 '선린상업학교'로 보내려 했다. 그런데 1·4후퇴 후 피란에서 돌아오니 고향 마을 3개리는 모든 집이 불타서 잿더미가 되었다. 아랫동네(바램말)에 방 2칸을 얻어 살면서 식량도 구하기 어려운 형편에 서울로의 꿈을 접었다. 그 후 나는 면소재 중학교를 졸업하고 아버지의 소원대로 은행원이 되려고 청주에서 상업학교를 다녔다.

2학년이 되자 우수반을 선정하여 진학과 은행을 위한 특별반을 두었는데 나도 특별반에서 공부했다. 그런데 2학년부터 은행반은 은행부기와 전문과목이 많았는데 나는 진학을 위해 전문과목을 소홀히 하고 대학입시준비에 치중했다.

나는 학비를 벌기 위해 고등학교 1학년부터 목계금융조합에서 알바를 했는데 은행에는 별로 가고 싶지 않았다. 그 무렵 아랫동네에 서울사범대학을 다니는 큰누님과 학교동창생들(양인환, 이명복)이 있었는데 그는 방학 때 사각모에 까만색 가운을 걸치고 학교운동회나 마을공회당에 나타나면 내 눈에는 그 선배들이 동경의 대상으로 비쳤다.

서울대학은 등록금도 저렴하여 별로 부담이 되지 않을 것 같았다. 졸업기에 은행은 모집인원이 적어 상위권 4~5명만 추천하여 나는 은행시험 추천에도 들지 못해 시험조차 볼 수가 없었다. 서울사대시험 필기시험은 잘 본 것 같은데 면접시험에서 크게 잘못했다. 아직도 그때를 생각하면 악몽을 떨쳐버리지 못한다.

면접 교수는 내게 지리학과를 지망한 동기를 물었다. 나는 지리선생님에게 질문했을 때 선생님도 정확하게 답변을 못하여 지리를 열심히 공부해서 훌륭한 선생이 되겠노라고 했다. 면접 교수는 무슨 질문을 했는데 답변을 못했느냐고 거듭 묻는 순간, 나는 답변을 잘 못한 것 같아 당황하는 나의 표정을 보고 두 명의 면접 교수는 웃으면서 나가라고 했다. 너무나 순간의 실수 때문에 충격이 커서 합격발표장에도 가보지 않았다.

이렇게 은행과 대학의 두 길을 걷다가 끝내는 어느 것도 잡지 못하고 시골집으로 돌아가지 않을 수 없었다. 하숙 짐을 챙겨 돌아온 나에게 아버지는 너무나 실망이 크셨는지 집을 휙 나가 버리셨다.

어머니는 아무 말씀 안 하셨지만 아버지의 눈에서 벗어나고 동네서도 너에 대한 기대가 컸는데 하시며 못내 눈물까지 보이셨다. 그 시절 우리 동네에서 중학교 이상 다니는 학생이 별로 없었다.

나는 집에서도 열심히 공부를 해보려고 찾아오는 사람을 피하기 위해 일부러 골방에서 공부하기도 했다. 그런데 농사철이 되니 부모님이 힘들게 농사를 짓는데 나만 공부한다는 것이 쉽지 않았다. 그래서 낮에는 농사를 돕고 밤에는 공부하는 주경야독 생활을 했다. 그것만이 부모님을 안심시켜 드릴 수 있는 최선의 도리라고 생각하였다.

그동안 어머니를 따라 밭에 나가서 일을 해도 어머니는 저만치 밭을 매어나가도 나는 농사가 서툴러 반 고랑도 따라가지 못하고 힘만 들었다. 그 때마다 나는 철부지처럼 일 못하겠다고 투덜대기도 했다. 어느 날 나는 어머니에게 이런 청을 했다.

"어머니! 집에서는 도저히 공부가 안되고 농사도 서툴러 집을 나가서 공부할 곳을 마련해 주셨으면 좋겠어요."

그 때 어머니는

"농사는 아무나 하는 줄 아냐"고 하시면서

"힘이 들면 고만두고 집에 먼저 가라고"고 말씀하셨다. 그래도 나는 밭고랑에서 앉아 쉬더라도 어머니와 함께 집으로 올 때가 많았다.

그해 추수가 어느 정도 끝날 무렵, 어머니는 나에게 이런 말씀을 하셨다.

"우리 집에 자주 오시는 '독짝골' 절 박치용 스님에게 사정을 했더니 너를 절로 보내달라고 했다. 그리로 가서 네 소원대로 공부를 하거라."

"이 어머니가 일주일에 반찬을 한 번 해갖고 갈 것이니 어려움이 있더라도 참고 열심히 공부를 해서 네가 소원한대로 서울대에 다시 시험을 보도록 해라."

그로부터 며칠 후, 나는 어머니가 챙겨주신 식량과 이불을 걸머지고 집을 나왔다.

집에서 절까지는 반나절 밖에 안 걸린다. 해가 서쪽으로 기울 무렵 나는 소나무와 잡목으로 우거진 산길을 오르기 시작했다. 길이라고는 겨우 한 사람이 다닐 수 있는 산길을 오직 공부만을 위해 가야겠다는 생각에 잠겨 산 정상에 도달할 무렵 갑자기 나를 툭 치고 비호처럼 살아지는 짐승이 있었다. 그 순간 나는 짐승에 떠밀려 그만 뒤로 넘어지고 말았다.

잠시 후, 정신을 차리고 생각해보니 담비 같았다. 담비란 산짐승은 사람의 혼을 뺄 때까지 사람의 키를 넘나들다가 혼이 나가면 사람의 내장을 꺼내먹는다는 속성이 있는 동물로 산골내기 나도 그런 이야기를 자주 들었기 때문이다. 정신을 바짝 차리고 또다시 나타나면 갖고 있던 지팡이로 응수하겠다고 마음을 다잡고 기다려도 다시 오지 않았다. 나는 마음을 단단히 먹고 고개를 넘어 절에 도착하니 산사는 조용한데 하늘에는 먹구름이 몰려와 금방 비가 올 것 같았다.

"스님 계십니까?"

인기척을 내면서 여러 번 불러도 응답이 없었다. 요사채와 법당문을 열어보아도 아무도 없었다. 해가 넘어가자 산사는 이내 어둡기 시작했다.

얼른 부엌에 가서 솥을 열어보니 스님이 공양한 흔적이 전혀 보이지 않았다. 쌀을 간신히 물로 씻어 솥에 붓고 불을 지폈다. 전기가 없던 그 시절 갖고 간 촛불은 바람에 금방 꺼져 대충 된 것 같아 밥을 퍼서 방에 들어가 보니 죽밥이었다. 나는 부엌 아궁이에서 재를 화로에 담아 윗목에 놓았다. 왜냐하면 절에서 해후소가 멀어 밤에 소변을 보러가기가 무서웠다.

문틈으로 밖이 훤히 보이는 요사채문을 안으로 동여매고 잠을 청했다. 세찬 바람과 비로 인하여 법당 뒤 도토리가 나무에서 떨어져 함석지붕을 때리는 소리가 요란해 도무지 잠이 오지 않았다.

어렵사리 잠이 들었다 깨어보니 붉은 햇살이 창문을 환히 비추었다.

문을 열고 밖으로 나갔다. 천등산과 멀리 충주 계명산만 조금 들어나고 사방이 운해雲海로 내가 마치 천상에 떠있는 기분이었다. 그런 장관을 나 혼자 감상하기에는 너무나 아쉬웠다. 시인이라면 명시를 남갈만한 장면이 연출된 것이다.

그로부터 5일 동안 다람쥐밖에 친구가 없어서 나는 절에 비치된 도서 중 이광수 작 대중소설을 전부 읽었다. 그 중에 『이차돈의 사』, 『원효대사』, 『꿈』 등 주로 불교소설이 많았다.

스님과 함께 보낸 세월

나는 아무도 없는 '독짝골' 절에서 혼자 외롭게 보내며 스님이 돌아오시기를 기다리고 있었다. 며칠 후 스님이 돌아오시어 나는 너무나 반가워 스님께 달려가서 눈물까지 보였다. 스님은 "너의 집을 들려오는 길이다."라고 하시며 이내 법당으로 들어가신다. 스님은 내가 절에 온 사연을 어머니로부터 다 들은 것 같았다.

다음 날 스님은 법당에서 나오시자 나를 불러 앉으라고 했다.

"지금 너의 눈에는 도시생활에서 배인 허영과 사악, 욕심이 가득 차 있으니 그것을 떨치지 않고서는 네가 바라는 공부를 할 수 없다. 이제부터 너의 행동과 마음이 정화되어서 공부가 될 때까지 내가 시키는 대로 해다오." 하시면서 "우선 내일부터 아침 4시에 일어나 범종을 33번 울려라. 그 종에는 종을 만들 때 너의 이름을 새겨 넣었으니 그 종을 칠 때마다 어머니와 부처님 은공을 기려 달라. 그리고 내가 출타 시는 아침 불단에 쌀을 부어놓고, 땔감은 주위에 지천이니 지게를 지고 가서 구해다 도끼로 쪼개서 가지런히 쌓아 놓아라."라고 말씀하셨다.

그 순간 스님이 우리 집에 오시면 무척이나 인자하게 보였는데, 금시 무서운 사자로 변해 버린 것 같았다. 그리고 반야심경般若心經과 천수경千壽慶 두 권을 내게 주시면서 절밥을 먹으려면 부처님이 계시는 곳으로 가야되므로 속히 외워 스님과 함께 아침저녁으로 법당에서 예불을 올리는데 동참하기를 바라셨다. 그런데 스님은 한 번 탁발로 절을 나가면 거의 열흘 정도 절을 비우셨다. 그럴 때마다 새벽타종, 아침 부처님께 공양 올리는 것은 내 몫이었다.

나는 겨울에 이불을 덮고 자지만 스님은 추워도 이불도 없이 목침만 베고 주무셨다. 그래서 스님께 사정했다. "절에 혼자 있으니 무섭고, 스님께서는 이불도 없이 주무시어 무척 송구스럽습니다. 저를 내일부터 법당에서 자도록 해 주세요."라고.

법당에서는 잠을 자는 곳이 아닌 것을 알고도 일부러 청을 했다.

"네가 부처님을 하루속히 영접하기 위해서라면 나도 말리지 않겠다."라고 말씀하시어 나는 그날부터 법당이 나의 침실이 되었다. 그런데 법당은 쥐가 내 얼굴을 마구 짓밟고 다녀 잠을 잘 수가 없었다.

살생을 금지하는 절간이라 쥐를 잡을 방도가 없어 그대로 이불을 뒤집어 쓴 채 잠을 자게 되는 습관이 배어 나중에는 그 때문에 잠을 못 이루지는 않았다. 잠이 깨었을 때 올려다보면 붉은 천의 불단 위에서 부처님이 나를 내려다보고 계신다. 처음에는 무서웠지만 오래되니 그 모습도 아무렇지 않았다. 어느 따뜻한 봄날 밖에서 아이들 소리가 소란하게 들렸다. 법당문틈으로 내다보니 초등학생이 봄 소풍을 온 것 같았다. 그 날은 스님이 탁발을 나가시고 없을 때였다.

"아무도 없으세요? 아무도 없으세요?" 불러서 자세히 들으니 여성의 목소리였다.

잠시 후 인솔교사를 보는 순간 나도 모르게 몸에 전율을 느꼈다.

그 교사는 나의 초등학교 때 우리 반이었고, 그 여학생은 공부도 아주 잘하고 노래도 잘 불러 선생님에게 귀여움을 받았던 아이였다. 하얀 피부에 몸이 가냘프게 생기어 선생님은 자주 그 애를 안아주기도 했다. 학교 학예회 때 그는 심청 역, 나는 용왕으로 분장하여 공연했으며 나와는 반장과 부반장을 맡아 우리는 짝꿍처럼 지냈다. 그 여학생은 4학년 때 충주로 이사하여 나와 영영 헤어지고 말았다.

나는 문을 열고 나갈 용기가 나지 않아 한동안 그냥 서 있었다. 현재의 처지로 그 앞에 나서기가 싫었다. "스님! 스님! 아무도 안 계셔요?"

그녀는 학생들을 세워놓고 법당과 요사채를 번갈아 다니면서 스님이 나와 주기를 고대하는 눈치였다. 나는 더 이상 참을 수 없어 문을 열고 그 선생을 맞았다.

그녀는 나를 한참 바라본 후 "혹시 고완기 씨 아니세요?"라고 물었다.

그렇지만 나는 아무 대꾸도 하지 않았다. 다만 그녀가 얼른 돌아갔으면 하는 마음뿐이었다. 그녀는 나에게 사범학교를 졸업하고 인근초등학교 교사로 부임했다고 말했다. 학생들이 돌아가고 암자에는 다시 정적이 감돌았다.

저녁 공양을 지으려고 부엌에 들어갔다. 깨끗한 상보를 열어보니 거기에는 그 선생이 갖고 온 것으로 보이는 밥과 도시락 몇 개와 고구마도 있었다. 3일은 혼자 먹어도 되는 분량이었다. 그렇지만 나 홀로 생활하는 처지를 알고 준비한 음식을 먹지 않고 차려놓은 정성이 고마웠다. 나 때문에 즐거워야할 봄 소풍에 마련해온 음식을 먹지 못하고 돌아가서 나는 마음이 개운치 않았다.

며칠 후 그로부터 소포 한 뭉치가 배달되었다. 소포를 풀어보니 고시준비를 위한 가이드북과 몇 권의 법과 관련된 서적이 들어있었다. 아마도 내가 고시공부를 하러 절에 온 것으로 알고 있거나 소문을 들은 것 같았다.

그 책을 받고부터 나는 서울대학 재수의 꿈을 접고 고시공부로 방향을 바꿨다.

나는 군 입대까지 그 절에서 공부하다 입영통지를 받고 논산훈련소에서 교육 중 어머니께서 남동생을 낳았다는 반가운 소식을 들었다. 스님이 정성들여 불도를 닦으면 소원을 이룬다는 박치용 스님의 원력인가!

지금 그 당시 초라한 법당에 있던 '석조나한상' 두 점이 충북유형문화재로 등록되었다. 지금쯤 내가 그 절에 가더라도 나를 알아보는 스님들과 보살은 없어도 독짝골 절 스님과 어머님에 대한 그리움은 영영 지울 수가 없다.

수랫말 느티나무

내 어릴 적 살던 고향집에서 조금 올라가면 우마차가 다니던 신작로 옆에 거목의 느티나무가 있다. 이 나무는 조선 인조의 아들 태실을 비보裨補하기 위해 심어진 나무로 알려진다.

나무둘레가 어른 넷이 양팔을 벌려 안을 정도로 굵고, 위로 올라가면서 대여섯 가지가 사방으로 뻗어져 밑에서 보면 마치 활짝 편 우산이나 낙하산처럼 보인다.

매년 사계절이 바뀔 때마다 연초록이며 노란색으로, 특히 눈이 내리는 겨울에는 한 폭의 수묵화를 보는 듯 정겹고, 이 나무로 인하여 동네의 면모를 달리 보이기도 한다. 여름에는 깊은 그늘을 드리워 뙤약볕을 막아주기에 힘든 농부들의 쉼터가 되고, 고개 넘어 제천(백운) 사람들이 '내창장'을 넘나들면서 한숨을 돌리는 곳이기도 하다. 그리고 오월 단오에 마을 총각들이 그네를 매어놓으면 동네 처녀들이 꽃처럼 예쁜 옷을 입고 그네를 뛰었다.

나도 누나들과 그곳에 자주 갔다. 그네를 타고 힘차게 발을 굴러

창공을 가르면 바라보는 나도 시원하고 스릴도 있었다. 그네뛰기는 여름철 모기를 멀리 쫓는다는 속설이 있어 그 당시 널뛰기와 함께 여성들의 대표적인 민속놀이였다.

내가 태어난 시절은 일제강점기였다. 일본은 동네 부녀자들에게도 이 느티나무 밑에서 전쟁에 대비할 제식훈련을 시켰고 아울러 문맹퇴치 야학도 실시했다.

내가 두 살 때 동생이 태어나 어머니는 젖이 늘 부족하여 나는 수렛마을 태늉 어머니 집에 가서 부족한 젖을 먹었다. 그분은 삼형제를 키우면서도 젖 분량이 많았다. 어머니와 함께 훈련을 받는 날이면 할머니가 나를 데려가서 휴식시간을 이용하여 느티나무 그늘에서 젖을 먹게 했다고 한다. 그래서 우리 집에서는 내게 태늉엄마도 어머니라고 부르게 했다. 어렸을 때 나는 몸이 허약했다.

아버지는 그 당시 보약처럼 몸에 좋다는 두더지와 개구리를 잡아서 삶아 먹였다고 한다. 그런데도 키가 남들보다 작아 초등학교 3학년이 될 때까지 선생님이 운동장에서 열을 세우면 맨 앞에 선 나의 머리를 매만지면서 '앞으로 나란히' 구령을 하셨다. 나는 자라면서 친구들과 느티나무 아래에서 많이 놀았다.

누나가 여럿이라 그런지 동네 총각들이 나만 보면 강제로 무동을 태우고 "자기를 매형으로 부르면 내려주겠다."라며 귀찮게 하였다. 그런 일이 싫어 몸부림쳐도 안 내려주면 그럴 때마다 나는 '너들은 우리 누나와 상대가 안 된다'며 내심 그들을 비웃었다. 그 나무 근처에 우리 논이 있었다. 농번기에는 일꾼을 많이 얻어 논에 넣을 갈잎을 뜯거나 모내기를 하는 날, 우리 가족은 새참이나 점심을 준비하여 나무그늘에서 식사를 제공했다. 부근에서 일하다 갑자기 비가 내리면 나무 밑으로 뛰어가 잠시 비를 피하는 경우가 있어 이 나무는 동네의 농막처럼 영농의 구심목이 되기도 했다.

내가 초등학교 6학년 되던 해 6·25사변이 났다.

그때 공산당은 이 나무 아래 공회당 본부를 두고 피난을 미처 가지 못한 지역 유지와 그들에게 협조하지 않는 마을사람들을 반동분자로 취급하여 이곳에서 모진 고문을 했다. 공산당 하부 조직인 '보도연맹'이라 부르는 단체는 마을에서 불만을 품었거나 머슴살이하던 사람들로 팔에 붉은 완장을 두르고 공산당의 앞잡이가 되어 숨어있는 지역 인사들을 색출하는데 혈안이 되었다.

그해 가을 전답에는 오곡이 무르익어 가는데 '보도연맹'은 벼와 조 이삭을 일일이 세어 등급 정하는 것을 보고 마을사람들은 절망과 공포에 떨면서 나날을 보냈다. 그 후 인천상륙으로 전세를 만회한 우리 국군선발대가 충주를 지나 원주까지 올라갔다는 소문이 우리 동네에 들려왔다.

대낮에 면사무소 직원이 와서 마을사람들에게 태극기를 만들어 국군의 환영준비를 하라고 지시해놓고 돌아갔다. 그날 밤 패주했던 공산당원들이 도망가다 원주에서 퇴로가 막히자 심야에 윗마을(유봉, 원곡)에 다시 출현하여 애국가를 부르며 동네를 활보했다. 그 마을에서는 이들을 아군인줄 알고 태극기를 들고 환영하자 그들은 미리 준비한 전선줄로 마을사람들의 손목을 묶고 가까운 산속 연못가로 끌고 가서 집단 살해했다. 그 때의 다발 총성이 우리 집에서도 들렸는데 그 중에서도 살아남아 평생 불구가 되어 살다간 선배도 있고, 그런 연유로 그 마을에서는 같은 날 제사를 지내는 집이 많았다.

9·28수복 후에는 이 나무 밑에 '임시치안대' 사무소를 설치하고 공산당 앞잡이 하던 보도연맹들이 도망가서 잡히지 않자 그 가족을 모두 처단했다. 그때 나에게 어려운 산수 문제를 풀어주던 우리 옆집의 초등학교 선배도 밤중에 요란한 다발총소리와 함께 죽음을 당해 지금도 그들이 처형된 곳을 지날 때면 그때 일이 악몽처럼 떠올려진다.

이처럼 우리 고향에서 많은 희생자가 생긴 원인은 해방 후 남로당 부두목인 김삼룡이 이곳 엄정 출신이었다. 그 당시 엄정은 '남로당본부'라는 불명예스런 이름이 붙기도 했다. 그런 사건 이후로 이제 70여 년의 세월이 흘렀다.

나는 정년퇴직 후 40여 년 만에 다시 내 고향을 찾아갔지만 마을은 집과 전답이 모두 수몰되어 흔적이 없었다. 그러나 '수랫말' 느티나무는 가까스로 수몰 지구에서 제외되어 전보다 훨씬 더 크게 자라 의연하게 서 있었다. 지금은 마을마다 회관이 마련되어 동네사람들은 그 나무 아래로 가지 않아 공허하다. 그런데 옛날에 없던 공덕비 하나가 외롭게 서 있어 근처 지인에게 무슨 비냐고 물어보았다. 사연인즉, 이 느티나무로 인하여 토지주의 전답이 워낙 넓게 햇빛에 가려져 농사가 안 되고, 별달리 보상도 받을 수 없자 외지 사람에게 나무를 팔았다고 한다. 그런데 뒤늦게 그 사실을 안 마을사람들이 회의 결과 환수하여 마을 재산으로 하고 지주의 공덕비를 세워주었다고 한다.

느티나무는 일명 괴목槐木이라고 하는데, 응접실 고급탁자 원목으로 많이 사용되어 나무를 매입한 사람의 의도가 짐작된다. 그 후(1982) 나무를 존중하여 시에서 노거수로 지정(충주시 74호), 관리한다니 다행이 아닐 수 없다.

그 나무는 지난 500년의 장구한 세월을 보내며 만고풍상을 다 겪었다. 그런데도 상한 가지 없이 무성하게 자라서 옛날과 다름없이 마을의 수문장처럼 우뚝 서 있는 느티나무를 볼 때마다 나는 신비하고 경외감마저 느낀다.

그 옛날 느티나무 주변에서 나와 생사고락을 같이했던 수많은 사람들이 마을을 떠났고, 불과 70세 전후를 살다가 유명을 달리한 친구들도 있다. 그들이 없는 그 자리에 나만 홀로 다시 찾아와서 과거를 회상하니 만감이 서린다.

요즈음 나는 조석으로 나무 주위를 돌면서 산책을 한다. 가끔 그곳에서 쉬고 있는 낯선 사람을 만나면 풍수지리학을 근거로 이 노거수老巨樹의 입지적 역사를 흥미롭게 들려주면서 귀농생활 4년을 보내고 있다.

문관석文官石

내 어릴 때 살던 시골집 동산에는 여러 개의 분묘가 있었다.

묘갈 중에는 현감을 지낸 기록이 적혀 있는 묘도 있었다. 그 앞에는 규모가 크고 왕방울처럼 무서운 눈과 두 손으로 칼을 힘껏 집고 서 있는 무관석이 있었다.

동편 옆으로 규모가 그리 크지 않은 문관석이 있었는데 어릴 때는 무서워서 근처에 혼자 가지 못했다. 우리 남매들은 자라면서 뒷동산에 올라 밤과 도토리도 줍고 정월대보름에는 그 곳에 올라가서 그 해의 소원을 빌기도 했다.

시대가 변하여 대부분의 분묘가 이장되었고, 수몰지구 옆이라 그 남아 있던 묘역도 거의 이전하였다. 그곳에 세워진 석물은 무게 때문에 옮겨가지 못하고 쓰러진 상태로 흉측스럽게 보이기도 했다. 1975년도 우리 집은 살던 마을이 수몰되어 서울로 이주하였기 때문에 그곳에는 자주 가지 못했다.

나는 서울시에 근무하던 중 새마을운동이 전국적으로 확산되는 시기에 선진지 견학으로 충남 아산의 현충사를 주로 갔었는데 부근인 온양 민속박물관도 들리는 코스였다. 그곳에는 전국 어디에서 옮겨왔는지 오래된 석물들이 넓은 야외 전시장을 꽉 메운 채 서 있었다.

이것이 모두 정상적으로 주인의 허락과 정당한 값을 치르고 이곳에 왔을까? 아니면 호리꾼(옛날 문화재도굴꾼)에 의해 헐값에 수집된 것이 아닌가싶은 의문이 들기도 했다. 그 중에서 키가 큰 무관석 하나가 특히 나의 시선을 집중시켰다. 언제 많이 본 듯한 무관석인데 생김새가 내가 어릴 때 우리 집 동산에 서있던 것 같았다. 전시된 석물이 거의 출처를 명시하지 않아 나의 의심이 지워지지 않았다. 그 후 할머니 묘소를 찾아 오랜만에 고향에 가서 보니 주변에 방치되었던 석물들이 하나도 보이지 않았다.

나는 순간 온양민속박물관에서 그 많은 석물 중에 출처가 없는 석물 중에는 나의 고향이 수몰되고 누구하나 감시하는 사람들이 없어 골동품 수집가에 의해 그리로 팔려갔을 것으로 짐작이 되었다. 2010년 가을 어머님이 돌아가시고 그 동산에 농막 터를 잡기 위해 그 무관석이 있던 주변에서 부지를 조성하는데 작업하던 포크레인 삽에 돌 뭉치가 걸렸다. 자세히 보니 문관석이었다.

키 1.5m, 두 눈을 아래도 지그시 감고 양손으로 홀기를 잡고 있는 모습이 옛 그대로 훼손되지 않고 흙속에 있다가 발굴된 것이다. 나는 문화재와 고미술에 관심이 많아서 인사동의 지인을 불러 감정을 의뢰했다. 현장에 온 그는 문·무 한 쌍이 있어야 값을 제대로 받을 수 있는데, 문관석 하나로는 그리 가격을 높지 않게 평가했다. 우리가 고향을 떠날 때만해도 그곳에는 분명 키가 크고 왕방울 눈의 무관석이 누워 있었는데 이제 없어져 못내 아쉬웠다. 나는 문관석을 산중 농막 앞에 수문장처럼 세워놓고 한동안 지냈다.

그 후 산중의 농막이 무섭다며 가족들조차 자주오지 않아 동네 가운데로 땅을 마련하여 농막을 이전할 때 그 문관석도 함께 옮기려 했다.

아내는 묘 터에 있던 석물을 새로 지은 농막으로 옮기는 것을 반대했다. 얼마 후에 그곳에 둘레길이 생겨 많은 사람이 오가기에, 그 자리에 놓아두면 도난이 우려되니 팔지 않으려면 '산뜰애(둘레길관리소)' 앞에 놓겠으니 기증해달라고도 했고, 건너편에 사는 미술가는 자기에게 주기를 희망했다. 나는 고미술은 임자를 잘 만나면 의외로 제값이상으로 팔리는 것을 알고 두고 보자는 생각으로 그 자리에 놓아두었다.

무게가 장정 두세 명이면 옮길 수 있어 나보다 이웃사람들이 도난의 우려가 있다며 옮기라고 조언까지 했다. 나의 마음이 결정되지 않아 시간이 필요하여 순찰 경찰관에게도 살펴달라고 부탁했는데 경찰관은 남의 사유 재산까지 책임을 질 수 없다며 나중에 후회하지 말고 얼른 치우라고 한다.

고심하던 끝에 서울 인사동에서 오랫동안 고미술가게를 경영하다 그만두고 동두천에서 여학교(보영여자) 재단이사장으로 있는 분을 만나 문관석을 상의했다. 문관석은 학생들이 옛 선비들처럼 열심히 공부하는 면학분위기에 좋으니 학교에 기증해주면 좋은 위치에 놓겠다고 약속까지 하기에 그분의 제의에 기꺼이 승낙했다.

문관석을 옮기는 날, 나는 훼손을 방지하기 위해 하얀 천으로 표면을 싸고 또다시 현수막 천으로 안전하게 묶어 학교재단에서 보낸 차에 실었다. 순간 내가 소중하게 보관했던 귀중품을 잃어버린 듯 마음 한가운데 서운함이 들었다.

아내도 지금까지 보관하느라고 신경을 많이 기울였던 문관석을 돈 한 푼 받지 않고 보내니 무척 서운해 하는 표정이었다. 아내는 그동안 값을 덜 받더라도 처분하여 농사에 보태자고 나에게 몇 번이나 권유해도 듣지 않고, 종래는 이렇게 아무 보상없이 실려 보내는 나를 원망하는 눈치였다. 금년 봄 그 학교 개교 50주년 기념행사에 나에게 초청장이 왔다.

나는 아내와 함께 학교에 가서 제일 먼저 우리가 기증한 문관석을 찾아보았다. 그것은 이사장실과 교무실 앞 조그만 동산에 세워져 있었다. 그 옆에 '건립년대 1,800년, 기증자 고완기'라는 표시도 해놓았다. 많은 학생들이 매일 오고가는 길옆이라 이사장이 말한 대로 학생의 면학분위조성을 위해서 좋은 위치에 세워져 우리 부부는 기분이 좋았다.

그날 기념식장에는 동두천일대의 기관장, 학교장, 20사단장 및 군악대, 재학생 등 500여 명이 참석했다. 개회 전 사회자는 기념식에 참석한 내빈들을 일일이 소개했는데 나에게는 학교에 문관석을 기증해 주신 고마운 분이라고 소개했다.

식이 끝난 후 나와 아내는 다시 문관석이 있는 동산으로 가서 기념사진을 찍었다. 우리는 아무런 대가없이 문관석을 차에 실려 보내서 서운했던 그 때를 모두 잊고, 주인을 잘 찾아 준 것 같다고 마주보며 웃었다. '만약 무관석이 함께 있었다면 지금쯤 그 석물들은 기억조차 우리 곁을 떠났고, 헐값에 처분했더라면 오늘과 같은 날이 있었을까!' 생각해 보았다.

우리 부부는 그날 하루를 교정에서 즐겁게 보내다가 저녁나절 문관석을 대견하게 바라보면서 동두천역으로 발길을 향했다.

호롱골 할머니

필자가 어릴 때 살던 집 앞에는 큰 내가 흘렀다. 개울 건너 보이는 뾰족한 산은 갈미봉, 그 산골짜기를 호롱골이라 불렀다. 해마다 봄이면 산에는 진달래가 지천으로 피어 앞산을 물들였다. 골짜기에는 취나물과 다래순이 많아 나는 누나들을 따라 나물을 뜯기 위해 무척 따라 다녔다.

우리 집 앞으로 흐르는 냇물은 가춘리 세 골짝에서 내려와 물이 맑았다. 여름이면 동네 사람들이 목욕하러 나오고, 가재·피라미·메기 등 물고기가 많아서 나는 친구들과 함께 고기를 잡으러 가기도 했다. 시냇물에는 농경지에 물을 대기 위해 여러 군데 보가 있었고, 긴 도랑을 이용하여 벼농사를 지었다. 해마다 장마가 지면 홍수로 유실된 보를 다시 만들기 위해 온 동네 청장년들이 동원되었다. 그곳에는 고기가 많아 힘든 작업을 마치면 우리는 고기잡이에 나선다.

앞개울을 따라 신작로가 있는데 우마차와 트럭이 다녀 장날이면 윗동네 장꾼은 물론 재 넘어 백운면 사람들도 질마재를 넘어 내창 장을 보러온다. 호롱골로 들어가는 좌측에는 오막살이 집 한 채가 있었다. 그 집에는 할아버지가 일찍 돌아가시고 할머니만 외딴 집에서 사셨기 때문에 우리는 그 할머니를 '호롱골 할머니'라고 불렀다.

할머니는 젊어서 고생을 무척하여 그런지 동그란 얼굴에 주름살이 많아 가뜩이나 실처럼 가는 할머니의 눈까지도 모두가 주름살로 보일 정도였다. 할머니는 추운 겨울에도 검정 고무신에 항상 맨발로 우리 집에 오시는데 그 흔한 감기도 들지 않았다. 그 당시는 옷이 귀했던 시절로 할머니는 늘 헌 천을 대어 꿰맨 남루한 옷을 입고 다녔는데 체격이 우리 할머니처럼 작았다. 나의 고모들이 우리 할머니를 위해 만든 옷을 한 벌 주면 명절에만 입고 오셨다.

필자가 자랄 때 우리 집은 동네에서 대작을 하는 농가였다. 위로 할머니와 부모님과 함께 1남 5녀의 대가족이였다. 사랑채에는 머슴 내외가 살고 있었지만 농사철과 집안에 큰일이 있거나 부엌 일손이 부족하여도 그들은 돌보지 않았다. 그러나 호롱골 할머니는 개울 건너 내가 사는 집으로 와서 부엌으로 곧장 들어가 일을 하셨다.

그 할머니는 내가 태어나기 전부터 우리 가족을 의지하고 슬하에 자식이 없어 우리 남매들을 친자식처럼 돌봐주셨다고 한다.

우리 집은 내 위로 누나가 둘 있었다. 셋째인 내가 남자로 태어나 무척 바라던 아들을 낳았다며 집안에서 좋아들 했다고 한다. 내 밑으로 여동생만 있어서 나는 아버지에 이어 삼대독자로 귀하게 성장했다. 부모님께서는 독자를 면하려고 남동생 셋을 더 낳았지만 그 당시 유행했던 홍역으로 잃고 말았다. 아들을 낳으면 계속 죽자 우리 할머니는 용하다는 점집에서 점을 쳐보았는데 '아들이 출생하여 금줄을 쳐놓은 7일 안에 귀신 할머니가 들어와 샘이 나서 데려 갔다'는 점괘가 나왔다고 한다. 우리 집을 들고난 사람은 호롱골 할머니밖에 없다는 입소문이 온 동네에 퍼졌다. 그 후 호롱골 할머니까지 알게 되어서 그 후 할머니는 우리 집 출입을 금하고 말았다.

늘 가족처럼 지내던 그 할머니가 우리 집에 오지 않아 오해도 풀겸 아쉽던 터라 우리 할머니는 어린 나를 데리고 호롱골 할머니 집에 갔었다. 할머니는 며칠 간 식사를 못해 기력이 없어 자리에 누운 채 우리를 간신히 알아볼 정도였다. "내 팔자가 그처럼 사나워 남의 귀한 집 아들까지 죽게 된 것이 모두들 내 탓으로 돌려 누명쓰고 살 바에야 차라리 죽어 마땅하다."고 하시며 눈물을 흘렸는데 나도 덩달아 울었다.

몇 달 후에 동생을 잃은 슬픔에서 벗어난 어머니까지 합세하여 사정한 결과 남의 눈치가 보인다며 한사코 거절했지만 호롱골 할머니는 마땅히 갈 곳이 없는 처지로 전처럼 아침이면 우리 집으로 오셨다. 그런 일이 있고부터 할머니는 평생 자식 하나 없어 아들을 품에 안아보지 못했다며 나를 품고 하루 만이라도 자보았으면 소원이 없겠다고 했다.

어느 날 나는 누나와 함께 그 오막살이집에서 자고 할머니는 나를 업고 냇물을 건너다 힘이 없어 함께 물에 빠진 기억도 있다. 그런 중에도 혹시 내 몸에 무슨 변고가 있을까봐 나에 대한 보살핌이 유난했다. 할머니가 연중 우리 집에 안 오시는 날은 장마로 개울물이 범람하여 사람이 건널 수 없는 날 이외는 없었다.

1950년 6·25한국전쟁이 있던 그해 겨울, 국군이 다시 후퇴하자 우리가 살던 마을사람들은 엄동설한에 피란을 가야만 했다. 그때 우리 집은 서울에서 피란 온 고모네 식구를 포함하여 15명의 대가족이었는데 아버지는 국군 방위대로 먼저 떠나시어 남자라고는 13세인 나뿐이었다.

소에 식량을 싣고 쇠고삐를 끌고 집을 나설 때 그 할머니를 모시고 갈 형편이 못 되었다. 같이 가자고 권하는 사람도 없었지만 할머니 역시 "내 이제 늙은 몸에 어디를 가겠느냐?"고 손 사레를 쳤다. "오두막집에 계시지 말고 우리 집에 있어 달라."고 사정하여 할머니만 남기고 떠날 때 우리 가족은 모두 울었다. 유난히 추웠던 그 해 피난살이 끝에 고향집에 돌아오니 온 동네가 잿더미로 변했다. 우리 집터에 가보니 시커멓게 타버린 잿더미 속에서 그 해 풍작으로 산처럼 쌓아놓았던 노적가리에서 그때까지도 연기가 나고 있었다.

우리 가족은 노랗게 타들어가는 불꽃 속을 헤집고 남은 볏섬을 거둬 냄새나는 쌀을 그해 가을 추수 때까지 먹고 살았다. 그런 와중에서도 피난길 떠날 때 홀로 남긴 할머니의 행방을 찾으려고 수소문했지만 누구하나 할머니를 본 적도, 찾을 도리도 없었다. 소문에 의하면 군 작전상 필요하여 미군이 마을에 불을 놓을 때 몇몇 사람들은 트럭에 실어 어디로 갔다는 막연한 말만 들릴 뿐이었다.

필자가 살던 고향에 인근 4개 면의 전천후 수리 안전답을 만들기 위해 수몰지구가 되어 떠난 지 40년 만에 다시 고향에 돌아와 보니 우리 집터도, 호롱골 할머니 집터 역시 모두가 수몰되어 흔적도 없었다. 앞산 갈미봉과 호롱골은 옛날처럼 그 자리에 있는데 나를 반겨줄 인적은 찾아보기 어려웠다. 내가 살던 옛집의 동산에서 호롱골을 바라보니 슬하에 자식없이 평생 고생하며 우리 가족처럼 살아가시던 그 할머니가 생각나서 '호롱골 할머니!'하고 불러보면 동그란 할머니의 다정한 모습만이 잔잔한 호수 수면 위로 떠올라 그리움에 젖곤 했다.

외촌리 고개

서울에서 중앙선을 타고 원주시를 지나다보면 좌측으로 치악산이 동남으로 우뚝 서 있고, 우측의 백운산도 웅장한 모습으로 다가온다.

백운산(해발 1,087m)에서 시작하여 서쪽으로 뻗어내린 능선자락에는 뱃재와 외촌리고개의 안부鞍部가 있고, 서남으로 가면 백운암과 남한강의 목계나루에 이른다.

또 한 줄기는 남쪽으로 갈려 박달재와 천등산으로 이어져 삼탄과 충주댐에서 멈춘다. 내 고향마을은 이런 양대 산맥으로 북은 원주 귀래면, 동북은 제천 백운면과 접한 산간마을이다. 내가 어릴 때는 임산물을 운반하는 트럭이 겨우 다니는 신작로가 하나 있었을 뿐, 집에서 도보로 7km 가야만 버스를 탈 수 있었다.

필자의 외가外家는 강원도 원주 귀래貴來인데 자동차로 그곳을 가려면 목계와 소태면을 돌아서 60리가 된다. 하지만 백운산의 안부鞍部인 외촌리 고개를 넘으면 불과 20여 리 밖에 안 되어 그 당시 대부분의 사람들은 이 고개를 넘나들었다.

우리 집에서 고갯마루 턱까지는 도보로 한 시간 정도 걸리는데 마지막 정상頂上은 급경사길이다. 그래서 속리산 말티재처럼 지그재그로 된 길로 올라가게 되고, 반대편 내려가는 길도 경사가 심해 조심하지 않으면 위험할 정도다.

고갯마루에 올라서면 북쪽으로 미륵산이 병풍처럼 펼쳐져 있고, 멀리 남쪽으로는 월악산이 아스라이 시야에 들어온다.

나는 어릴 때 어머니를 따라 외갓집에 가기위해 이 고개를 여러 번 넘었다. 산마루에는 성황당이 있었고, 사람들은 땀도 식힐 겸 이곳에서 쉬워간다.

어머니는 근처에 있는 돌을 몇 개 치마에 담아서 성황당에 얹어 놓고 두 손을 비비면서 머리를 연신 굽혔다. 어머니는 외할머니에게 드릴 떡과 부침개가 담겨진 보따리를 내게 맡기면서 "땅에 내려놓지 말고 무릎 위에 올려놓고 기다리라"고 말씀하셨다. 내가 어릴 때는 그 이유를 몰랐지만, 자라면서 깨달은 것은 우리 민속신앙으로 치성致誠을 드리는 것임을 알게 되었다.

큰 누나가 18살 때, 큰외삼촌 중매로 귀래 면장 집으로 시집갈 때 매형은 당나귀를 타고 이 고개를 넘어 우리 집으로 장가왔다. 잔칫날 앞마당에서 가례嘉禮를 마치고 누나를 태운 가마가 떠날 때, 나는 가마 곁에 바짝 붙어서서 이 고개까지 왔다. 고갯마루에서 쉴 때 누나는 "이제 돌아가라"고 하면서 원삼 속에 가려진 손이 떨리는 것을 보고 나도 참았던 눈물이 울컥 솟았다. 그때 내 나이

12살, 집으로 오는 도중에 나는 누나가 우리 곁에서 영영 떠나갔다는 생각을 하니 너무 서러워져 하염없이 눈물을 흘렸다.

필자가 그 고개를 마지막 넘은 때는 1967년 용산구청(사회과)으로 발령받은 지 며칠 안 되던 늦가을, 아버지가 위독하다는 전보가 왔을 때였다.

아버지는 서울에서 소학교를 졸업하고, 해방 전까지 흥남비료공장에서 사무원으로 근무하셨다. 늦게 시작한 농사일이라 서툰 모습이 안쓰럽게 보일 때가 많아도 그 때의 내 형편으로는 어쩔 도리가 없었다. 아버지는 평소 지병이 있어 들에서 일을 하다 복통이 심하면 하던 일을 중단하고 집으로 돌아오시곤 했지만 비교적 건장한 체구였다. 아버지의 병세를 알고 나는 그날로 청량리역에서 기차를 타고 제천 봉양역에서 하차한 후, 버스로 박달재와 다리재(천등산 옆)를 넘어 산척에서 내렸다.

집까지 20리길을 뛰다시피 집에 당도하니 70세가 넘은 할머님만 빈집을 지키고 계셨다. 평소에 나를 보면 무척 반가워 눈물을 글썽이던 할머니는 눈물조차 말라버린 듯 혼이 나간 사람처럼 보였다.

나는 아버지가 위급하여 동네 청년들이 부축하여 원주기독교병원으로 갔다는 말을 들었다. 점심도 못 먹고 허기진 채로 늦가을 해가 서쪽으로 기우는 것을 보니 불길한 예감에 더 이상 지체할 수 없었다. 잠시 할머니를 위로하고 그 길로 외춘리 고개를 단숨에 뛰어 올라섰다. 잠시 쉬어가는 고개지만 나는 그 옛날 어머니가 하시

던 것처럼 성황당에서 두 손을 모으고 제발 아버지가 살아계시기를 빌었다

원주기독교병원에 들어서니 어둠 속에 희미한 병원 건물만 보였다.

그때 병원입구 잔디밭에서 '우리 아버지 불쌍해! 우리 아버지 불쌍해!' 오열하는 여자 울음소리가 들려왔다. 그 음성은 큰 누나의 통곡痛哭 소리임이 분명했다. 순간 아버지가 벌써 돌아가셨구나! 싶은 생각이 들었다. 우리 7남매를 키우고 교육시키느라고 전답을 팔아가며 힘든 농사일로 고생하신 것을 큰 누나는 철없는 우리보다 더 잘 알고 있기에 그처럼 슬피 울었다.

누나는 아버지가 수술실에 들어간 지 다섯 시간이 넘었는데 소식이 없다며, 모든 것이 이제 끝난 것처럼 나를 잡고 아까보다 더욱 서럽게 울었다.

나는 급히 2층 수술실문 앞에서 담당의사에게 물어보았다. 워낙 병세가 중하여 정밀검사도 할 수 없어 가족 동의로 복부절개수술부터 했노라고 했다. 그는 환자체중이 37kg로 악화될 때까지 왜 방치했느냐고 나를 질책했다. 내가 죄인처럼 망연자실하고 있을 때 아버지는 긴 수술을 마치고 회복실로 옮겨졌다. 의사는 절단한 부위를 내게 보여주면서 장의 일부가 돌처럼 굳어져 수술부위를 정밀 검사해 보아야 병명을 알 수 있다고 말했다.

나는 담당의사 앞에서 무릎을 꿇고 제발 아버지를 살려달라고 어린애처럼 매달렸다. 보름 후 아버지는 다시 개복 수술을 받고 경과가 좋지 않아 서울세브란스병원으로 이송하여 재수술을 받았

다. 퇴원하신 후 단칸방 셋집에서 나와 아내는 지성으로 간병하여 아버지는 건강을 회복하고 고향집으로 다시 내려가셨다.

나는 지금도 고향에 갈 때 외촌리 고개를 바라보면 그 옛날 어머니와 누나와 함께 저 고개를 넘나들던 아득한 옛날이 떠올려진다. 지금은 교통이 발달되어 아무도 그 고개를 넘는 사람이 없을 테지만 지금도 고갯마루에 성황당과 돌탑이 아직까지 남아있는지 궁금하다. 더 늙기 전에 내 주변에 나처럼 그 고개에 대한 추억을 가진 동료가 있으면 함께 넘으며 힘들었던 시절의 고향이야기를 나누고 싶다.

호박 과장

나는 호박을 무척 좋아한다. 농촌 생활을 하다보면 부식으로 호박찌개, 전, 호박잎쌈과 특히, 겨울에 호박고지를 넣고 끓인 장맛은 별미다.

이른 봄 농막 뒤에 줄기호박을 심어서 봄·여름에 수시로 따먹고, 산밭에 심은 호박은 늦가을 서리가 내리기 전에 수확하여 겨울 동안 호박국을 끓여 먹는다.

올봄에 산밭에 구덩이를 파고 유기질 퇴비를 충분히 시비하고 호박씨를 한 곳에 3알씩 넣은 후, 투명한 플라스틱 통으로 보온을 해주었다. 보름이 지나 파란 싹이 돋고 잎이 무성하게 자랐다. 호박 넝쿨은 잡풀에도 강하여 뿌리만 성하면 힘차게 뻗어 주위 5m^2 넘게 차지한다. 여름 장마가 시작될 무렵이면 주황색 꽃이 피고 그 밑에 호박이 맺혀 한 주일 경과하면 요리에 알맞은 호박으로 자란다.

금년에 처음으로 맷돌 호박을 심었더니 무게가 거의 15kg으로,

위아래 연꽃처럼 무늬가 생겨 모양도 좋았다. 지난 늦가을 서리가 오기 전에 호박을 수확했는데, 첫서리가 온 후 다시 가보니 노란 호박 한 개가 나뭇가지에 매달려 있었다. 그동안 나뭇잎과 풀에 가려져 발견하지 못했는데 낙엽이 떨어진 후에야 내 눈에 띄었다. 열심히 가꾸었는데 노란 호박이 안 보이면 서운했는데 이처럼 뒤늦게 발견되니 농사는 거짓이 없다는 말이 실감된다.

내가 어릴 때 집 울타리 밑에 앉아서 왕벌이 호박꽃에 들어가서 꽃가루를 갖고 어딘가로 날아가는 것을 보고 벌이 도망가지 못하도록 호박꽃을 막는 장난을 하다가 어머니께 꾸중을 들은 적도 있었지만 벌에 쏘인 기억은 없다.

서울에 살면서 고향집에 다녀 올 때는 부모님이 챙겨주시는 잡곡류는 배낭에 넣고 덩치가 큰 호박은 버스를 탈 때 무릎 위에 놓고 올 때도 있었다. 내 옆자리에 탔던 할머니가 '부인이 혹시 산후 중인가?' 나에게 묻기도 했다. 그 시절에는 대부분 집에서 아이를 출산하던 때여서 호박이 산모의 부기浮氣를 내리는데 약으로 많이 쓰였다고 한다.

그때는 고향집에서 서울까지 버스로 약 5~6시간 소요되고 비포장도로가 많아 버스 요동이 심했다. 나는 졸다가 호박이 버스 바닥에 떨어져 차내를 운동장처럼 굴러다닌 적도 있었지만 어느 누구도 언짢게 여기는 승객은 없었고 버스 안 인심이 넉넉해 보였다.

내가 호박을 재배하기 시작한 것은 지금으로부터 38년 전이다.

77년 봄, 나는 40세 때 사무관으로 승진, 영등포구청에서 마포구청으로 전보된 후 첫 보직이 청소과장이었다. 당시는 구청에서 청소과장은 거의 초임 사무관이 맡는 자리였다.

매일 새벽 4시. 신촌시장 입구에서 점호를 마친 후 나는 쓰레기와 분뇨청소부가 작업하는 현장을 순찰했다. 그때 난지도 쓰레기 매립이 한창때여서 서울의 각 구청 쓰레기차가 그곳으로 집중되어 그 관리를 관할구청(마포구)이 맡아서 청소과장 업무가 막중했다. 그 당시 청소원은 일당제 사역 인부로 신분 보장도 없었다. 청소원은 열악한 작업 환경으로 그들의 몸에서는 오물 냄새가 배어서 집에서도 자녀들조차 가깝게 오지 않는다고 했다.

작업이 끝나도 근처 술집에서 보내다 저녁 늦게 귀가하여 잠만 자고 새벽에 다시 담당 구역 청소를 하기 때문에 건강을 해쳐 폐질환으로 사망하는 청소원도 많았다.

청소원 급료는 한 달에 두 번 지급하는데 그 날은 외상 술값을 받으러 오는 술집 주인 때문에 청소원이 자리를 피한다는 것이다. 나는 청소원이 술을 적게 먹고 그들의 가계에 보탬을 주려고 여러 가지 방안을 모색하다 호박을 재배하기로 했다.

부임 첫해부터 난지도 매립이 진행 중이나 복토가 된 2,000평 부지에 각 조별로 분담하여 호박을 재배했다. 호박거름으로는 인분人糞이 최적이다. 당시에는 한강에 야외 분뇨 탱크를 만들어 장마철이면 바다로 그냥 흘려보낼 때여서 이를 확보하는데 어려움이 없었다.

여름에는 청소작업이 오전이면 거의 끝나 오후부터는 나도 청소원들과 함께 난지도에서 약 2시간 호박밭을 가꿨다. 장마철이 되자 호박이 너무 많이 맺혀 청소원들에게 나누어주고 남는 호박은 가까운 망원시장에 팔기도 했다. 때로는 수확한 호박을 타과 직원들에게도 배분했는데 그 때부터 나에게는 청소과장 이외 '호박과장'이란 별칭이 더 생겼다.

내가 승진했을 때 어머니는 아들이 과장이 되었다고 친구들에게 자랑을 했다고 한다. 어느 날 어머니가 나에게 아들이 청소과장이라고 했더니 좀 안 좋으니 다른 과장을 했으면 좋겠다고 웃으며 말씀하셨다. 부모님이 살던 집에서 청소원이 쓰레기와 분뇨 치는 것을 동네사람들이 보면 아들이 청소과장이어서 그들이 예사롭게 보이지 않는다고 하셨다.

나와 함께 청소과장으로 보직했던 다른 구청의 과장들은 1년 후 청소과장을 면했는데 나에게는 2년이 넘어도 보직을 바꿔 줄 생각도 안했다. 나중에 알고 보니 호박을 재배하여 청소원 가계에도 보탬이 되고 청소원의 음주도 전보다 줄었을 뿐 아니라 청소원들도 나를 좋아해서 마땅한 후임자가 없다는 이유였다.

그래서 나는 동료들도 싫어하는 청소과장을 마포구청에서 두 번 연임, 3년을 넘게 했다. 이처럼 과장을 하면서 해마다 호박을 재배했고, 청소원 복지를 위해 '생필품구판장'도 만들어 주었다. 당시에 이러한 사실이 TBC TV에서 『쓰레기 위에 핀 꽃』으로 방영되어 '청소원구판장'을 견학하기 위해 전국에서 관련 공무원들이 많이 다녀갔다.

올가을 산밭에서 재배한 맷돌 호박을 수확하여 거실에 쌓아놓으니 대견스럽게 보였다. 나는 승용차를 갖고 우리 농막에 오는 친·인척과 친구들에게 별로 줄 것이 없어 호박을 선사했더니 모두들 좋아했다.

호박은 우리네 식단에도 빠질 수 없는 부식의 일종이다. 그런데 내가 좋아서 정성들여 재배한 호박이 '호박꽃도 꽃인가' '호박같이 생겼다'는 등, 여성을 비하해서 안 좋은 이미지로 호박이 빗대어 회자될 때마다 나는 기분이 좋지 않다.

창밖에는 첫눈이 하늘을 가리고 소리없이 내린다.

문득 베란다 구석에 쌓아놓은 호박을 바라보니 지난날 호박과 더불어 많은 세월을 보냈던 내 삶의 흔적이 지워지지 않고 아직도 현실처럼 떠올려진다.

※주 : 옛날 청소과장→환경과장으로, 청소원→환경미화원으로 오래 전에 명칭이 바뀌었고 청소업무도 대행업체로 운영되어 현재의 환경과는 기피하는 부서가 아니다.

나의 귀농歸農 4년차

나는 우리의 전통문화와 역사에 남다른 관심을 갖고 이와 관련된 부서에도 근무한 적이 있다. 또 다년간 풍납토성 청계천에서 역사·문화해설사로 자원봉사활동을 하기도 했다. 2010년 9월, 어머니께서 97세로 돌아가시고 나도 70세에 들어서니 서울에는 내가 봉사할 곳도 점점 줄어들게 되어 어머니가 없는 세상에서 어떤 취미를 갖고 살아가면 좋을까? 이런저런 생각 중에 제일 먼저 떠오르는 것이 고향이었다.

그러나 고향마을은 돌아가도 수몰收沒되어 집도 전답도 없다. 그렇지만 아직도 임야가 조금 남아서 할머니와 부모님의 산소가 모셔져 있으므로 묘역 주변에 농막을 짓고 유실수를 가꾸면서 여생을 살아야겠다고 마음먹고 2011년 2월 중순경 나의 고향, 충주시 엄정면 가춘리로 내려갔다.

제일 먼저 임야 중 약 천 평을 허가받아서 소나무만 남기고 50

여 년 자란 낙엽송과 오래된 밤나무는 베어내고 집터를 닦았다. 낙엽송은 내가 고등학교를 졸업하고 암자庵子에서 공부했을 때 틈틈이 심은 묘목이 50년의 세월이 흘러 아름드리 재목으로 자랐는데 그것을 내가 베어버리게 되니 몹시 아깝기도 했다. 벌채한 나무가 대형 트럭 7대분이었지만 당시에 목재상木材商은 "낙엽송은 값이 없어 그냥 베어가는 것도 다행인 줄 알라"고 하니 너무도 어처구니가 없었다. 벌채로 보상받아 약 800m의 진입로 개설비용에 충당하려던 나의 꿈은 물거품이 되고 말았다.

어머님 무덤 아래 침실과 거실이 있는 조립식 2동을 건립하고 저수지물을 퍼 올려 화장실도 수조水槽식으로 설치했다. 그렇지만 식수는 외지에서 날라다 먹게 되어 불편했다. 집터이외 벌채한 산에는 밤·매실·앵두·자두나무를 심고, 나머지는 밭을 일구어 고추·고구마·들깨를 재배했다. 그러면서 조석朝夕으로 어머니 묘소를 돌보면서 소위 '시묘삼년侍墓三年'을 보낸 셈이다.

야산野山이지만 마을과 멀리 떨어져 고라니·돼지·꿩 등 산짐승들이 가끔 나타나는데 아내와 자식들은 무섭다고 아예 오지 않아 거의 혼자서 지냈다. 그런 중 정부의 '4대강 사업'의 일환으로 이곳의 저수지 둑 높이(2m)공사로 인하여 그동안 내가 개설한 진입로가 물에 잠기어 차량 진입이 불가능해졌다며 충주시에서 내게 농막을 이전해줄 것을 요구했다. 농막을 다른 곳으로 옮기자니 그동안 투자된 금액을 통산해 보니 농가주택 한 채 값인데 한순간에 날려버리는 것 같아서 고민도 많이 했다. 식수도 불편하고 가족도 산이라 무섭다며 왕래를 하지 않아 할 수 없이 저수지가 바라다 보이는 수렛말 윗동네에 500평의 밭을 새로 구입하여 농막을 옮겼다.

요즈음 300평 이상 경작자는 도시사람도 실경작자로 확인되면 정부에서 '농업경영인'으로 인증, 비료를 저렴하게 공급하는 등 귀농·귀촌농부에게 제반 지원을 해준다. 이제 농촌도 소와 쟁기로 밭을 갈고 지게를 지던 옛날 곤궁했던 시절이 아니며 집집마다 농사용 차량 한두 대는 보유하고 과학 농법으로 옛날에 비하면 무척 수월해졌다. 도시농부가 되면 오이, 가지, 호박, 고추, 채소류와 콩, 깨, 잡곡을 무공해로 경작해서 풍족하게 자연식단을 꾸밀 수 있어 건강에도 좋다. '뿌린 대로 거둔다'는 말처럼, 농작물도 어린이를 보살피듯 정성들여 가꾸면 수확으로 주인에게 보답한다.

나의 귀농은 올해로 4년차다. 2011년 첫해, 산에 심은 밤·매실·대추·앵두가 금년에 제법 많이 열려 우리가 먹고 나머지는 친척이나 가까운 친구들에게 나누어 주었다. 아내는 처음 나의 농촌생활에 대하여 "괜한 고생을 사서 한다."라며 원망스런 표정이었다. 그런데 이제는 아내도 이해하고 자식들이 반대해도 내 편에 선다.

동생과 자녀들은 좀 쉬고 싶어 이곳에 오면 내가 일을 시킬까봐서 오지 않으려하니 아직도 철이 덜 든 것 같아 보인다.

옛날 나도 부모님이 밭에 풀을 뽑으라고 하면 한 고랑도 못하고 그만두었다. 그랬던 나 자신도 나이가 들고 보니 '이것이 내 삶이고, 내가 아니면 누가 하랴!'고 생각하면 농사일이 땀은 흘려도 그리 싫지는 않다. 올해는 일조량이 많아 내가 경작한 참깨, 땅콩은 풍작豊作인데 반하여 콩과 들깨농사는 가을 내내 가뭄으로 기대 이하以下다. 집 앞 저수지 물안개가 솜처럼 피어오르고 붉은 햇살에 반사되는 이곳의 이른 아침은 마치 동양화를 보는 것 같고 보면 볼수록 아름답고 황홀하다.

오전午前은 텃밭에서 일하고 오후에는 1km거리의 옛집 동산으로 올라가서 산밭과 밤나무, 매실 등을 가꾸는 것이 내 농촌생활의 일과다.

산에서 혼자서 일하면 너무 조용해서 산짐승들과 꿩들이 가깝게 접근하여 나 역시 한두 번 놀란 적도 있다. 그래서 나는 이 동물들이 비켜가라고 일부러 헛기침도 하고 소리 높여 노래도 한다. 농막 주변과 동산에는 산딸기와 오디, 버찌가 지천이어서 한참 따먹다보면 내 손과 입은 빨개져 동심으로 돌아가는 기분이다.

내가 농사해서 수확한 작물을 정초正初에 손위 어른들께 세배 갈 때 선물하면 무척 좋아하시며 자녀들에게도 나누어주는 것을 보면 종래 백화점에서 구입한 물건보다 더 값진 선물로 느껴진다. 이처럼 내가 땀 흘려 재배한 것을 받는 분들이 즐거워할 때 늘그막에 농부가 되어 남에게도 베풀 것이 있다는 것이 더욱 큰 보람이다. 내 주변 친구들 중에는 농촌의 벌과 뱀이 두렵다며 옛날에 가난하고 농사가 힘들 때를 생각해서 그런지 나의 귀농을 이상하게 생각하는 친구들이 많다.

농사를 짓다보면 풀과의 전쟁이고 그 속에서 공생하는 뱀과 벌은 있기 마련이다. 나도 지난해 말벌 집을 잘못 건드려 집중 공격을 당해 한동안 무척 고생을 했었지만 세상사 살다보면 그 정도의 시련은 이겨낼 수 있었다.

농촌은 일하기 위해 사는 곳이지 결코 놀고먹는 장소가 아니다.

나도 열심히 농사할 때 마을에서 번둥대는 일부 도시인들을 보면 경망스럽게 보인다.

요즈음 농촌에는 일손이 부족하고 품삯이 비싸서 과수원이나 특용작물을 재배하는 기업농 이외는 거의 혼자 또는 내외가 농사하는 가정이 대부분이다. 농촌은 말 그대로 농사짓는 터전이다. 그래서 나는 봄부터 가을까지 농작물을 심고 가꾸는 일은 거의 나 혼자 하고 가을 수확기에는 아내도 틈을 내서 도와준다. 지난 날 직장과 단체에서 생활하다보면 내가 싫더라도 그 일을 해야만 하고, 때로는 직장에서 상·하 동료들과도 의견이 상충되어 스트레스가 쌓일 때가 많았다. 내 주위에는 그것이 병이 되어 건강을 잃은 친구들도 많았다.

이제 내 인생 2막은 자영自營업인 농사農事다. 내가 심고 싶은 작물이나 과실류를 재배하여 정성을 들이면 그 만큼 잘 자라서 과실도 안겨주고 잡념도 없어 스트레스가 쌓일 필요가 없다. 설령 농사가 잘 되지 않아 소득이 적어도 여가삼아 짓는 농사로 수확이 적으면 적은대로 이웃이나 친척들에게 나누어주는 기쁨으로 나의 귀농은 스스로 잘 선택했다고 본다. 그래서 주위 친구들에게 아직도 농촌에 가면 빈 터전을 구할 수 있으니 나와 함께 농촌생활을 해보자고 권유를 많이 했지만 별 반응이 없다.

서울시내에는 지하철을 공짜로 타면서 그리 가지 않아도 될 여러 곳을 부질없이 왕래하는 소위 '지공선사'들이 많다. 아직도 늦지 않으니 나처럼 수구초심首丘初心 시골로 가서 건강도 챙길 겸 여생餘生을 보내면 어떨까! 요즈음 정부에서는 귀농, 귀촌, 농부들에게 여러 가지 혜택을 준다. 그런데 이를 외면하고 남은 세월을 편하게만 살다가겠다는 일부 동료들을 보면 측은해 보이기도 한데, 아마도 나의 과대망상誇大妄想증일 지도 모를 일이다.

왕회장(고 정주영)의 여비서 '하연경'

내가 서울시에 근무했을 때 초등학교 동창인 친구 홍춘기가 나를 찾아왔다.

그는 충주에서 농업학교를 졸업하고 줄곧 향리에서 농사를 하면서 나와는 죽마고우竹馬故友 처럼 지내던 사이였다. 친구는 내게 온 목적이 고등학교 3학년 아들의 대학진학을 위해 상담 겸 아들과 함께 왔다고 했다. 나는 친구에게 그 당시 농촌출신으로 인기가 있는 'K대학 축산과'가 좋겠다고 조언한 것으로 기억한다. 그 후 고향을 떠나 서울에 살면서도 가끔 고향에 가면 그 친구는 나를 가장 반갑게 맞이해 주었다. 마을 이장을 하면서 내게 많은 도움을 주기도 했는데 애석하게도 58세에 세상을 떠났다.

내가 2011년 귀농하여 36년 전, 나를 찾아온 친구 아들(성래)를 만났다. 그때 그는 내가 추천했던 축산과로 가지 않고 건축과를 지망하여 졸업 후, 대기업중견간부가 되었고 분당에 저택을 마련하여 남부럽지 않은 생활을 한다고 했다. 현재 잠실에서 설계와 감리 사무소를 운영하는데 건설경기가 부진하여 선대로부터 물려받은 고향마을 뒷산을 개간하여 사과나무, 밤나무 등 유실수를 심었다고 했다.

몇 해 전부터 많은 투자를 하고 있는데 아직까지 소득은 제로라고 했다. 나는 친구아들을 대하면서 고인이 된 아버지와 전혀 다른 모습을 찾아볼 수 있었다. 다만 정직하게 살아가는 아들의 성격은 그의 부친을 그대로 닮았다고 느꼈다.

지금까지의 본업을 접고 또 다른 힘든 농촌생활을 자처하고 나선 그에게 놀랍고 한편 걱정스럽기도 했다. 친구 아들은 옆에 있는 그의 아내에게 나를 돌아가신 아버지 친구 분이라고 소개했다. 그녀는 몸이 가냘프고 몸이 약해보였으나 첫인상이 좋았다. 이름은 '하연경'으로 종로구 연건동 출생의 전형적인 서울토박이였다.

학교를 졸업 후 현대건설 본사 기획실에 근무하면서 왕회장(정주영) 비서로 다년간 근무를 했다고 한다. 나는 이들의 과거 경륜을 대충 듣고 지금까지 서울생활을 편하게 했지만 앞으로 힘든 농촌생활에 적응할 수 있을까 의구심이 들기도 했다. "우선 자네는 농촌출신이라 힘든 농사일도 감내하겠지만, 아내가 만약 일이 힘들어 서울로 다시 가겠다면 어찌하겠는가?" "자네는 아내 연경을 극진히 사랑하고 신경을 써주어야겠네." 나는 일부러 이런 농담을 건넸다.

그들이 내온 차와 사과를 먹으며 내가 느꼈던 사실 그대로 말했다. 친구인 그의 아버지는 평생을 정직하게 살다간, 나와 절친했던 과거사를 말해주면서 이들 부부에게 많은 이야기를 했다. 내 말을 조용히 듣고 있던 친구아들은 나에게 '연경'이와 처음 사귀게 된 이야기를 일러주었다.

아내는 위로 언니가 둘, 딸로는 셋째로 당시 자신도 대기업사장 비서였지만, 본인도 중견사원으로 꿀릴 게 없다고 '프로포스' 했단다. 하지만 여자 집에서는 농사꾼 아들이라 별로 마음이 내키지 않는 눈치였다고 말했다. "만약 내게 딸을 주신다면 밥은 굶기지 않을 자신이 있다고 줄기차게 청원을 했는데. 마치 최 진사 집 셋째 딸처럼 꿰어서라도 아내로 삼기위해 배짱으로 나서서 끝내는 사랑의 결실을 맺고 결혼까지 하게 되었단다. 이들 부부는 벌써 슬하에 두 아들을 두었다는 것이다.

이들이 마을 뒤 산허리 부분을 개간하여 일군 밭에는 사과나무와 밤나무 등이 무럭무럭 자라고, 직접 설계하여 지은 집은 보기에는 농막처럼 축조하였어도 그곳에서 바라보는 '추평저수지'와 주변 산자락의 운치는 별장에 온 것처럼 기분도 상쾌해진다.

나는 서울에서 가끔 친구가 올 때는 그 곳으로 안내하여 선물할 사과도 구입한다. 그녀는 처음 대할 때와 달리 무거운 사과 상자를 가볍게 차에 올려놓는 단단한 체구로, 얼굴은 검게 타서 완숙한 여자농부로 변했다. 그들은 현대적인 장비를 갖추고 과수원을 운영한다. 하지만 사람의 손길이 워낙 많이 드는 관계로 부부가 힘든 일에 적응해 가면서 살아가는 모습을 볼 때마다 대견하면서도, 요즈음 젊은 사람들의 대담한 생활력에 감탄을 한다. 지난 해 어느 날 이들은 나에게 큰아들 결혼주례를 부탁했다.

나는 주변에 친지 교수도 많을 터인데 하필이면 나이가 많고 농부로서 어울리지 않다고 사양했다. 그런데 "나의 성장과정에서 우리 집 사정을 누구보다 잘 알고 있는 아버지친구라서 부탁을 드린다고 청을 하는 바람에 미숙하지만 주례까지 맡아본 적도 있었다. 이들은 가끔 나의 농막에 들려 사과, 밤을 갖고 와서 텅 빈 냉장고를 채워주기도 하여 나는 이들 내외가 너무 고맙고 사랑스러워 가끔 어깨를 감싸주기도 한다.

이들 부부는 과학적인 영농방법, 나무에 대하여 시비와 전지 등 많은 것에 나의 소중한 '멘토링'이 되어주기도 한다. 그럴 때마다 일찍 저세상으로 간 친구를 생각하게 되고 그를 대신하여 나를 부모처럼 생각한다고 진정성 있는 말을 들을 때마다 미안한 감정을 떨칠 수가 없다. 늘그막에 귀농하여 내 주변에 이처럼 젊은 사람이 있어 농촌생활의 외로움을 달래주니 좋기도 하고, 생의 보람도 느끼게 되어 행복할 뿐이다.

블루베리 강사(심규대 박공순) 부부

2017년 초봄. 충주시 산림조합에서 블루베리, 아이스베리 등 묘목을 무료로 나누어준다는 현수막이 충주시내 여러 곳에 나붙었다.

나는 해마다 연례적인 행사라서 별로 관심이 없었는데, 아내는 기왕에 충주 농막에 내려와 있는데 한 번 가보자고 했다. 우리는 전날 호암저수지 근처 처남 집에서 자고 다음날 열 시에 묘목을 나누어준다는 충주체육관 앞 광장으로 갔다.

아침 9시 반쯤에 도착하니 미리 온 시민들로 벌써부터 장사진을 치고 우리 부부는 맨 나중에 서게 되었다. 이럴 줄 알았으면 좀 더 일찍 오지 않은 것이 후회가 되기도 했다. 먼저 온 사람들의 옷차림을 보니 아침 일찍부터 호암저수지 둘레길에 나온 근처 시민들이 산책을 마치고 그냥 이곳으로 온 것 같았다. 30분 전이면 그래도 좀 이르다고 생각했는데 결국 우리 내외는 너무 늦게 도착하여 맨 뒤에 서게 되었다. 정각 10시가 되니 행사를 주관했던 산림청, 충주시장, 관내유지들이 저마다 자기를 알리는 홍보마당처럼 한 마디씩 하는 바람에 실제로 묘목을 나누어주는 것은 10시 30분에야 시작되었다. 도시나 시골에서나 행사 때마다 그 고장 출신 시·도의원들 소개로 지루해서 그냥 돌아가고 싶었지만 아내는 빈손으로 갈 수는 없다며 좀 더 기다리자고 했다.

앞을 보니 도열한 사람들이 많아서 뱀처럼 타래를 지어 우리 차례가 되자면 한참은 더 기다려야 했다. 나는 무료해서 내 앞에 젊은 부부가 있어 말을 건넸다.

어디서 오셨습니까? "수안보에서 왔어요." 듣고 보니 이들은 서울에 사는 현직 부부교사로 몇 해 전 그곳에 밭을 구입했고, 퇴직 후 블루베리를 가꾸고 싶어 묘목을 얻기 위해 어제 온천에서 자고 일찍 왔다고 한다. 얼핏 보니 50대 중반으로 벌써부터 노후생활을 농촌에서 하려는 사람들이었다. 나도 이들에게 그동안 농사가 힘들어 블루베리를 심으려고 외국산 거름을 구입하여 식재 방법까지 상세하게 지도를 받은 적도 있었지만 주변의 만류로 중단한 사례가 있으니 미리부터 많은 경험을 쌓으라고 조언을 했다. 블루베리 재배에 대해 어느 정도 기술을 습득했나요?. 물으니 "아니요. 지난 해 충주 작물재배 강좌에 한 번 참석했고, 강사 농장에도 실습겸 다녀 왔다."라고 했다.

"그 강사가 누구지요?." 나는 시골 옆집 '블루베리' 농장과 부부강사가 있어 혹시나 이들이 아닐까싶어 물어보기도 했다. 그들은 오래되어 이름은 잘 기억하지 못한다고 했다.

나도 엄정 추평저수지 근처 가양마을에서 5년 전부터 귀농하여 농사를 짓는데 우리 농막 옆에 블루베리 농장이 있다고 했다. 그러자 그들은 어린이처럼 손뼉을 탁치면서 맞다. 그 '천사 블루베리농장'에 가보았다고 한다. 이런 대화를 주고받다 보니 내 옆집 젊은 부부의 역할이 충주시 전역에 확산되어 이제는 많은 귀농에 뜻을 둔 젊은이가 내 고향마을을 다녀가는구나 싶어 농장주(부부강사)가 자랑스럽기도 했다. 앞에 선 부부와 대화를 나누다보니 차례가 되어 그들과 우리 부부는 각각 묘목을 받고 나는 "다음에 엄정 블루베리 농장에 오거든 우리 농막에도 들려주세요."라고 인사를 나누고 그들과 헤어졌다.

강사 부친은 원래 가양마을에서도 1km 더 올라가 비지재 고개 아래 '무주치'라는 산골에서 오직 농사만을 하면서 자녀들을 공부시킨 전형적인 농부였다. 그 후 70년대 이농離農 현상으로 가양부락에 살던 토착민들이 도시로 떠난 후, 좋은 농토를 매입하여 비닐하우스에 버섯재배와 농사가 아닌 경제적 농작물을 재배하기 시작했다. 세월이 흘러 그의 부친이 노쇠하고 병약病弱해 이들 내외는 서울에서 교편생활을 접고 고향에 돌아와 현재는 충주에서는 가장 넓은 블루베리 농장을 경영한다.

묘목재배와 분양, 블루·아이스베리 등을 수확하여 '천사놀이공원' 브랜드를 인터넷에 올려 이제는 전국적인 판매망을 구축하여 내가 보기에도 당해 작물의 선각자처럼 느껴진다. 이들의 재배를 눈 여겨 보면 계곡에서 흐르는 냇물을 관개수로 이용하여 가물 때는 스프링클러로 적셔주고, 살충제를 사용하지 않고 끈끈이 종이를 매달아 자연 구충에 힘쓰며 잡풀방지를 위해 비닐로 만든 자리를 덮는 등, 세심한 주의를 기울인다. 블루베리 재배에는 농약이 근처에 살포되면 열매에 지장을 준다기에 인접한 나의 밭에도 제초제를 사용하지 않고 손수 낫으로 베어 이들의 작물재배에 피해가 가지 않도록 신경을 쓰는 편이다.

하얀 서구식 2층 저택과 집 주위 넓은 '천사의 농장'에서 묘목을 재배하고 수확하는 이들 부부의 모습을 바라보노라면 불란서 유명한 화가 밀레의 작품에 등장하는 들에서 일하는 주인공처럼 느껴지기도 한다. 가을에는 빨갛게 단풍 든 잎을 따는 '어린이 프로그램'을 개발하여 학습하고, 최근에 신축한 체험실습장도 주변 환경과 어울려 산자수명山紫水明한 시골마을의 풍치를 더욱 아름답게 자아낸다.

나는 이들 부부가 더 많은 불루베리 가족을 확보하기 위하여 꾸준히 노력하는 모습을 항상 이웃에서 보면서 귀농의 성공적인 모델을 직접 대하는 듯하다.

요즈음 농촌에도 새롭게 귀촌하는 사람도 늘어나는 추세지만 이처럼 도시생활을 마다하고 선친의 가업을 이어받아 향리에 돌아와 과학 농을 경영하는 젊은 층이 주변에 늘어난다. 우리나라 농촌도 머리만 잘 쓰면 황금알을 얻을 수 있다는 사실을 이들 부부로부터 알게 해준다.

농장주(심규대 강사)는 마을 대동계 회장도 역임하면서 이웃에 위급한 환자가 있으면 몸소 차에 태워 병원으로 가는 선행을 하고, 내가 잠시 농막을 빈 사이에 갑자기 수도가 터져 아내가 당황하고 있을 때 급히 달려와서 응급처치를 해주는 등, 나에게 서툰 영농에 멘토와 버팀목이 되어주는 이들 젊은 부부는 신뢰와 감사하는 마음으로 귀농 6년차 농촌생활을 하고 있다.

2부
우리집 감나무

목계나루

우리 고장에는 한강 900리 물길에 목계나루가 있다.

한강은 발원지에서 목계나루까지 600리, 목계에서 서울까지 300리로 본다.

강원도 태백산 금용수와 오대산 우통수에서 발원한 한강은 정선·평창·영월·단양·청풍까지 협곡을 지난다. 충주댐에서 잠시 쉬었다가 탄금대에서 북서로 흘러 목계나루에 이른다.

예부터 목계는 수운교통의 중심지로 강 건너 가흥창과 더불어 세곡의 수합과 보관을 위해 각지에서 싣고 오는 물품들을 내리거나 한양으로 보낸다. 서해에서 올라오는 수산물을 하역하는 물류의 중심지로 발단된 곳이 목계나루다.

조상 대대로 한성부 남부 둔지방 이태원에서 살았던 우리 집안은 증조부께서 서빙고나루에서 이곳 목계까지 상선을 이용해서 많은 재산을 모았다고 한다. 그러나 조부님이 갑자기 돌아가시어 이곳으로 낙향했는데 그동안 전답을 일본사람들이 운영하는 마름에 위탁했다. 그들은 소작인들에게 귀속시켜 많은 재산을 잃었다고 한다. 할머니는 이곳에서 고모님(5명)들을 여주·원산·장호원으로 시집을 보냈다.

넷째 고모가 이곳에 파평 윤씨 가문으로 출가하여 우리 집은 8·15해방과 6·25한국전쟁 이후 목계를 중심으로 생활했기 때문에 나는 목계에서 유년시절을 보냈다.

일제강점기부터 목계는 충주에서 원주로 가는 국도변이라 엄정면의 주요기관(우체국·파출소·금융조합·엽연초 수납장·잠사 수납장) 등이 모두 목계에 몰려있어 지금의 면소재지 '엄정'보다 더 번성했다. 이외에 대규모 영단營團방아가 있어 해방 전후에도 주변지역에서 모은 공출 벼는 전부 목계에서 도정하여 서울로 보냈다고 한다.

정선, 영월 등지에서 내려오는 뗏목은 서울의 광나루와 뚝섬으로 운반되고, 소금을 싣고 돌아오는 떼꾼과 목상들로 여관인 '청룡장'에는 기생들이 많았다.

유랑극단과 곡예단(서커스)이 천막극장을 가설하고 구경꾼을 모으려고 북과 밴드를 연주하면서 목계나루까지 다니면 나도 그 뒤를 따라다니기도 했다. 어느 날 서커스 구경을 하고 집으로 돌아오는데 벼가 한창 자라는 논두렁에서 여성의 비명소리가 들렸다. 가까이 가보니 힘센 남자가 어린곡예단원 한 사람을 발로 짓밟고 있었다. 발밑에 깔린 가냘픈 여성은 두 손을 빌며 살려달라고 애원했다. 남자는 "너의 실수로 오늘공연은 망쳤다."고 하면서 그 여자를 마구 밟았다. 그날 높은 곳에서 곡예를 하다 실수하여 그물에 떨어지고, 누워서 두 발로 술통처럼 큰 드럼을 돌리다 실수했던 바로 그 여자 같았다. 나는 그 소녀가 너무도 불쌍해서 그날 밤 잠을 잘 수가 없었다.

이처럼 가혹한 처벌로 여성단원은 도중에 도망가는 경우가 있다고 했다. 나는 어린 시절 한강본류는 수심이 깊고 위험해서 친구들과 배를 타고 소나무 동산 근처 샛강에서 주로 물놀이를 했다. 노송이 우거진 언덕을 이곳 사람들은 일본어로 마스바라(松原)로 불렀다.

목계는 별신굿과 줄다리기가 오래전부터 이 고장 대표적인 민속놀이로 유명했다. 별신굿은 마을의 변영과 뱃길의 무사함을 기원하는 마을주민의 단합이 목적이었다. 줄다리기는 목계를 중심으로 중원지방 농민들의 민속축제로 면면히 맥을 잇고 있었다.

줄다리기에 소요되는 볏집만 추럭 14대 분량이라고 했다. 줄의 길이가 약 150m가 되며 중앙에 굵은 몸통은 직경이 150cm나 된다. 이렇게 완성된 줄은 동편과 서편으로 당기는데 목계를 중심으로 동편은 엄정·산척·동양, 서편은 가흥·장호원·원주지역 사람들로 편을 나누었다.

줄다리기는 보통 3년에 한번 씩 주로 7월 백중을 전후하여 열렸다. 줄다리기 행사에 인근 지역의 풍물패와 남사당 놀이패가 어울려 흥겨운 집단 놀이판으로 이어진다. 남자 어깨 위에 가냘픈 무동들이 고깔모자를 쓰고 춤을 추면서 관중들의 흥을 돋운다.

줄다리기에 사용되었던 밧줄은 그대로 뱃사장에 놓아둔다. 장마로 한강이 범람하면 암·수줄이 나란히 머리를 들고 서울로 떠내려가는 광경을 구경하려고 이곳사람들은 목계 강둑으로 나간다. 이처럼 번창했던 목계나루가 6·25전란 시에는 미군의 폭격으로 여관(청룡장)과 영단방아 등 일본사람이 지은 2층 건물이 송두리째 파괴되었다. 나는 1·4후퇴 후 북진하던 우리 군의 선발대에 포로가 된 불과 17~8세 안되어 보이는 인민군을 무참히 총살시키는 끔찍한 장면도 보았다.

그 후 목계나루에는 사람과 버스를 운반하는 배들이 있었지만 1973년 이곳에 현대적 교량이 가설된 후 나룻배도 도강하는 사람들도 점차 자취를 감추어 나루로써의 기능도 잃고 말았다.

목계나루 지역의 뜻있는 인사들이 전통 마을로 가꾸고 목계를 부흥시키고자 살아져버린 목계 별신굿과 줄다리기 행사의 재현의 꿈은 버리지 않았다. 2011년 가을, 어느 날 목계 번영회 회장(김경열)으로부터 '목계 별신굿'과 '줄다리기' 복원을 위해 나를 마을번영회에 초대했다.

번영회장은 별신굿과 줄다리기 행사를 복원하는데 마을주민들의 힘으로는 행사에 소요되는 재원 염출의 방법이 없다고 나에게 해결하는 방법을 알려달라고 청했다.

나는 목계 별신굿과 줄다리기는 오래전부터 이곳의 대표적인 민속놀이로 재현할 역사적 가치가 충분하여 무형문화재로 지정되면 정부나 자치단체에서 보조금이 지원되므로 매년 시연이 가능하다는 것을 알려주었다. 그 후 나도 적극 참여하여 정관을 만들고 총회를 거쳐 연구 교수의 조사보고서와 함께 충북도청에 제출했다.

그 옛날 번성했던 목계나루터는 이제 목선과 뱃사공은 볼 수 없고 역사의 뒤안길로 살아졌지만, 목계 별신굿과 줄다리기 민속놀이 행사는 면면히 그 맥을 이어서 이 고장의 대표적인 민속문화 축제로 재현되기를 기원한다.

선상님! 이 빵 드시고 가세유

아득한 세월이 흘러 1967년 용산구청 사회과에 근무할 때였다.

내가 맡은 업무는 주로 영세민 취로사업에 따른 양곡(소맥분) 지급과 복지시설 관리였다. 그 당시 우리나라는 가난하고 어려웠던 시대로, 서울시는 한강개발과 하천정비 등에 저소득 시민을 취로케 하고 임금대신 양곡(소맥분)을 지급했다. 그 무렵에는 농촌을 떠나 서울로 일자리를 찾아 무작정 상경하는 이농가도 많았는데, 취업도 못하고 귀향할 차비가 없어 관할구청 사회과로 찾아오는 사람도 있었다.

매일 수없이 찾아오는 이들에게 구호기금이 전무하던 시절이라 사정이 딱한 극소수에 한하여 소맥분(1일 3.75kg)을 지급하는 이외, 아무리 어려운 사람에게도 현금으로 구호할 수 없는 형편이었다. 이들 중에는 죄를 짓고 형기를 마치고 나온 수형자도 있었는데, 자기 뜻대로 안되면 죄과를 뉘우치지 못하고 복수라도 할 것처럼 소란을 피우는 경우가 있었다. 경찰서에 신고하여 그들을 강제로 데려가면 며칠 후 또다시 찾아와서 신상에 위협을 느낄 정도로 행패를 부리는 경우도 많았다.

그 시절, 경찰관의 말에 의하면 "단기 수형자는 재범발생률이 많으니 그들을 조심스럽게 다루라."고 조언을 해주었단다.

그러던 어느 날, 내 앞에 머리를 깊이 숙여 구호를 청하는 사람이 있었다.

얼핏 보니 40대 중반으로 키는 그다지 크지 않았지만, 어깨가 딱 벌어진 체구로 장기수형생활을 한 듯, 얼굴색이 창백하고 옆에 옷 보따리를 들고 있는 형상으로 보아 교도소에서 방금 출감한 사람처럼 보였다.

"선상님! 부산에 가려고 하는데 노자가 필요하여 찾아왔는데 차비 좀 보태주세요."

"부산은 왜 가시려고 합니까?" 물으니 그는 안주머니에서 서류 한 통을 꺼내 나에게 보여준다. 거기에는 그의 수형기록과 의정부 교도(형무소)장의 출감확인서 등이 적혀 있었다. 피의자는 평북 황해도 황주 출신으로 1950년 6·25 때 단신으로 남하 중, 우리 국방군에 입대하였다. 강원도 철원지방 보병부대에 배치되어 보초근무 중 장소를 무단이탈하여 상사로부터 심한 구타를 당했다. 그는 소지했던 총으로 상관을 살해하여 군법회의에서 사형을 선고받았다. 22년 무기징역, 두 번의 감형조치 후, 형기만료로 출소한 내용이 기록되어 있었다.

장기 수형자는 교도소에서 재활을 위해 약간의 일을 시키는데, 무슨 일을 했느냐고 물었더니 인쇄 조판공組版工을 했다고 한다. 그렇게 해서 모아둔 돈도 없느냐는 질문에 그는 모아둔 돈을 '소록도 나환자 돕기, 삼남지방 풍수해 돕기' 등에 기부하여 두 차례 감형된 사실도 기록되어 있었다.

출감하는 날 의정부교도소에서 서울역까지 데려다 주었다고 했다. 남한에는 친척이나 아는 사람이 한 사람도 없고, 자기에게 최후 사형을 구형한 검사 한 사람밖에 아는 사람이 없어 그를 찾아 부산으로 가려한다고 했다.

나는 혹시 보복하러 그 검사를 찾아가는 것이 아닌가 의심스러웠다. "당신의 죄가 너무 무거워 그런 중형에 처한 것이니 그에게 결코 나쁜 감정을 갖지 말아요."라며 그를 조용히 타일렀다.

그가 다시 바지주머니에서 또 한 통의 편지를 꺼내어 내게 내밀었다. 그 편지는 군법무관시절 그를 사형에 처했고, 당시에는 부산지검에 근무하는 검사(5·16군사혁명시 전북, 충북지사를 지낸 고광도 검사)가 보낸 것이었다.

그의 형기가 3년 남은 기간 동안 세 번 편지를 했는데, 출감 몇 달 전 보낸 편지에는 앞으로 갈 곳이 없으면 자기를 찾으라며, 직장주소와 전화번호까지 자세히 적혀 있었다. 순간 나는 그분이 군법무관으로 재직 시 법에 의해 그에게 사형을 구형했지만 세월이 흘러 이제는 현직검사로 있으면서도 그의 출소일을 기억하고 편지를 보낸 검사에게 이처럼 따뜻한 면도 있구나 생각하니 그 검사가 존경스럽고 나도 공직자로서 큰 감명을 받았다.

그의 모습을 자세히 살펴보니 장기수형생활로 청춘을 감옥에서 보냈지만 타고난 성품인지 모르지만, 그의 얼굴이 무척 순진해 보였다. 전후 사정을 듣고 보니 그 분의 딱한 처지에 동정이 갔지만 그때 내 수중에는 차비를 보태줄만한 돈이 없었다.

생각 끝에 그를 잠시 기다리게 한 후, 전 부서인 토목과의 동료들에게 전후 사정을 이야기하고 얼마간의 여비를 마련했다. 그에게 돈을 건네면서 용산역으로 가서 부산행 열차를 타라고 일렀다. 그랬더니 "용산역을 어떻게 가유?"하며 난처해 하는 그를 보고 옆에 있던 사회과장이 "기왕에 고 주임이 좋은 일을 하니 그를 용산역까지 데려다 주지 그래요?"라고 말했다.

나는 그와 함께 용산역에 가서 부산행 열차표와 남은 돈으로 약간의 빵과 음료수를 샀다. 열차에 올라 좌석을 잡아주고 돌아서는데 그가 갑자기 두 손으로 내 손을 잡은 채 어린애처럼 엉엉 울었다. 순간 열차 내 승객들의 시선이 내게로 집중되었다. "선상님, 고맙습니다. 선상님 고마워유." 그는 굽실굽실 절을 하면서 울었다.

아마도 이 사람에게는 세상에 태어나 처음으로 느껴보는 인간의 정에 가슴이 메었나 보다 생각되니 나도 덩달아 눈물이 핑 돌았다. 기차가 출발신호를 울리기에 나는 가까스로 그의 손을 뿌리치고 급히 차에서 내렸다. 그로부터 몇 달이 지난 어느 날 그가 다시 나를 찾아왔다.

자세히 보니 과거와는 달리 신사복차림에 넥타이를 매고 얼굴에 잔잔한 미소를 띤 채 나를 바라보고 있었다. "왜 또 왔습니까?" 나는 별로 반갑지 않게 사무적인 태도로 그를 대했다. 잠시 후 나는 그때 일이 기억나서 부산에 가서 그 검사를 만났느냐고 했더니 다음과 같은 사연을 들려주었다.

"부산역에 내려서 그분이 근무하는 직장을 찾아갔는데 검사님은 저녁 퇴근 때 자기를 집으로 데리고 가서 2~3일 침식제공까지 해주었다고 했다. 어느 날 잠결에 깨어보니 검사내외가 심한 부부싸움을 하더란다. "검사는 검사 일만 하면 되지, 거지같은 사람을 데려와 식사와 잠자리까지 베풀어야 하느냐?"라며 부인의 앙칼진 언성에 그 검사님은 죄인처럼 한마디도 대꾸를 못하더란다.

이튿날 검사는 자기를 데리고 나와 부산항 제3부두 하역荷役장에 일자리를 구해주어 한동안 부두 인부들의 합숙소에서 지냈다고 한다. 오랫동안 수형생활과 일이 서툴러 화물을 바다에 떨어트리면 임금에서 감하는 불이익을 받으면서도 힘에 부치는 일을 감당하려고 노력했는데, 가끔 감독관으로부터 남들처럼 작업도 제대로 못하고 밤에는 코를 너무 심하게 골아 동료인부들의 불평이 많다고 하면서, 부탁한 검사를 원망했다고 한다.

돈이 얼마쯤 저축되니 자기 때문에 도와준 검사까지 욕을 먹게 해서는 안 되겠다는 자책감에 고민하다가 그 일을 그만두고 서울로 왔다고 했다. 서울에 와서 용산경찰서장(김대양)을 찾아가서 사정을 말했더니 빵 굽는 기계를 한 대 주면서 그것으로 재생의 길을 찾아보라고 했단다. 그러니 나에게 한 달 동안 빵을 굽는데 필요한 밀가루를 지원해 달라는 것이었다. 나는 범죄를 잡아 그에 상당한 벌을 다스리는 경찰서장도 한 사람의 재활을 위해 그에게 생계수단으로 빵 굽는 기계까지 마련해 주는 경찰서장처럼, 나는 그를 특별구호대상자로 분류, 구청장(이상복)에게 품신하여 그에게 한 달분 밀가루를 지원해 주었다.

그날 이후 그는 용산경찰서에서 가까운 원효로 철교 밑에 비가리 천막을 치고 한동안 빵을 구웠는데, 나는 가끔 그곳에 가서 빵을 사들고 사무실에 와서 동료들과 나누어 먹기도 했다.

지금도 가끔 용산경찰서와 원료로 입구를 지날 때면 "선상님! 이 빵 드시고 가세유."라고 손짓하며 나를 부르던 그의 모습이 생각난다. 그로부터 많은 세월이 흘렀건만 내 기억에서 지워지지 않고 파노라마처럼 아련히 떠오른다.

※註 : 위에 검사는 5·16혁명 후, 전북도지사와 충북도지사를 역임한 고광도(高光道) 중장임을 밝혀둔다.

신촌 역사驛舍의 어제와 오늘

서울이 급속하게 발전되면서 역사와 서민의 애환이 깃든 근대적 건물이 하나씩 사라져 자취를 감출 때마다 아쉬움을 떨쳐 버릴 수가 없다.

그 중 건물규모나 시대적인 특색있는 일부 건축물은 문화재로 지정하여 보존하고 그렇지 못한 건물은 헐려져 흔적조차 찾아볼 수 없는 현실이다.

서대문구 대현동 74번지 소재의 신촌역은 경의선 부설과 함께 1926년경 건설된 서울(경성) 변두리의 시골역사다. 문화재 가치가 있는 것은 아니지만, 유일하게 남아있는 서울의 간이역사로 희소가치稀少價値가 있다. 또한 옛날을 회상해 볼 수 있는 정겨움을 자아내어 필자에게는 더욱 귀중하게 느껴진다.

이 역사가 건축될 당시의 우리나라는 철도 이외 대중교통수단이 거의 없어 주로 개성지역과 평안도 사람들이 이 역사를 이용했을 것이다. 또 부근에 연희·이화전문대학이 소재하여 대학생들의 통학역으로 한 몫을 했다.

농촌계몽소설 이광수 작 『흙』에서도 주인공들(허숭·윤정선·한갑진)이 만남과 헤어지는 장소로 신촌역이 자주 등장하여 추억과 낭만이 있는 정거장으로 그려진다.

요즈음 신촌역 앞을 지나면서 새삼 느껴지는 것은 이 역의 주변이 새로운 건축물로 변해도 '신촌 역사'만은 그대로 남아있어 더욱 정감있게 느껴진다. 하지만 언젠가 저 역사도 도심 속의 상업화된 복합건물로 신축하면 어쩌나싶은, 일종의 의구심과 초조감을 떨쳐버릴 수 없다.

필자가 조사한 바에 의하면 서울시내 근대적인 역사로는 서울역(사적 제284)과 신촌역사가 원형대로 남아있는 유일한 역사驛舍다.

서울시는 역사와 낭만이 배어있는 현장을 가급적 많이 찾아 시민들이 역사를 되돌아보고 사색하며 걷고 싶은 거리를 많이 만들어주어야 한다.

신촌역 광장은 주변에 연세·이화대학교가 자리 잡고 있어 항상 지성과 젊음의 거리로써 한 몫을 한다. 또 인접한 곳에 야외공연장이 있고, 파주와 문산 지역의 교외선을 이용하는 사람들이 많다. 그러나 현재의 역사가 협소하여 불원 새로운 역사를 계획하고 있는 것 같다. 하지만 필자의 생각으로는 이 역사만은 그대로 남겨두어 언제라도 통일이 되면 경의선이 이어지고 서울에서－개성－평양－만주로 떠나는 사람들이 90년 역사의 신촌간이역을 추억과 만남의 역으로 이용할 수 있도록 보존에 깊은 관심을 기울여주면 좋겠다.

벚나무 가꾸기 60년

2017년 봄 4월 8일, 나는 여의도 '윤중제輪中堤'의 벚꽃 길을 걸었다.

올해 벚꽃 축제행사는 봄이 왔어도 차가운 날씨 때문에 꽃봉오리가 아직 터지지 않아 행사를 잘못 잡은 듯했다. 이곳을 찾아온 상춘객들이 여기저기 제방에 무리지어 앉아 있었으며 셀카를 통하여 자기들의 추억을 담으려는 젊은 남녀 커플도 보였다. 나는 KBS에서 63빌딩을 거쳐 마포대교까지 걸으면서 50년 전 용산구청과 영등포구청에서 근무했던 시절 이곳에 벚나무를 심고 가꾸었던 동료들의 얼굴이 하나 둘씩 떠올랐다.

여의도는 1965년 이전까지는 마포와 영등포 중간에 위치한 섬으로 매년 장마가 들면 상습침수지였다. 가끔은 군용기와 민간 여객기가 이착륙하는 활주로가 동서로 길게 뻗어 있었다. 부산의 김현옥 시장이 서울시장으로 부임하자 '불도저 시장'이란 별명이 생겼을 정도로 인근 모래를 끌어 모았다. 하부에 있던 밤섬을 폭파하여 석재로 둑을 쌓아 타원형의 택지를 조성하여 소위 '한강의 기적'을 이룬 곳이다.

공사 기간 중 한강에 바람이 몰아치면 인접 영등포와 마포일대는 모래바람으로 눈을 뜰 수 없었다. 오늘날 중국에서 불어오는 황사처럼 한강 일대가 시야에 잘 보이지 않았다. 서울시는 여의도 제방이 거의 완성될 무렵 산하 전 직원에게 여의도 제방에 식재할 나무에 대한 현상공모를 했다.

나도 용산구청 근무할 때 벚나무 심을 것을 제안했다. 그 시절 서울 사람들은 해마다 봄이면 진해까지 벚꽃 관광을 갔다. 여의도 제방에 벚나무를 심으면 서울 사람들의 봄철 관광명소가 될 수 있다고 생각했다. 서울시 녹지과장은 벚꽃은 일본의 국화이고 공해에 약하며, 바람이 많이 부는 한강변에는 적당하지 않다며 노들강변처럼 버드나무 심기를 기대했다고 한다. 그 당시 국민의 반일감정이 팽배했고 창경원에 벚나무를 캐어버리던 때였다. 요즘처럼 벚나무 원산지가 우리나라 제주도라는 역사인식이 전혀 없었던 때였다. 김현옥 서울시장이 벚꽃을 심자고 최종 결정하였으므로 내 의견이 관철된 것처럼 나도 무척 기뻤다.

내가 봄에 만개하는 꽃 중에서 벚꽃을 좋아하는 이유는 진달래보다 화사하게 피어 벚나무 아래 있기만 해도 마음이 풍선처럼 들뜨게 된다. 초등학교 시절 우리 집 옆 산기슭에는 아름드리 벚나무와 느티나무가 쌍을 이루어 서있었다. 해마다 봄이면 벚나무는 붉고 화사함을 선사했다. 느티나무는 연두색 잎이 피어나 우리 남매는 그 나무를 보고 자랐다. 화사하게 피던 벚꽃이 지고 까만 버찌가 열리면 철없는 남학생들이 나무에 올라가서 가지를 마구 찢었다. 그러면 밭작물을 훼손한 사례까지 있어 어느 날 밭주인이 벚나무를 무참히 베어버렸다.

나는 아버지께 우리 산 벚나무를 주인의 허락없이 베어버린 밭 소유자에게 항의라도 하였으면 했는데 아버지는 아무 말씀도 없어 아버지가 원망스럽기도 했다.

그 후 그 자리에는 느티나무만 외롭게 서있지만 벚꽃에 대한 동심은 쉽게 사라지지 않았다. 나는 학창시절을 청주 무심천 변에서 보내어 나의 앨범에도 벚나무 밑에서 찍은 사진이 많아 벚나무와 인연이 깊다.

내가 청주시청 재직 때 상당산성으로 올라가는 도로변에 심어 놓은 벚나무도 그 시절에 심었는데, 요즈음 산성을 찾는 외지인에게도 명소가 되고 있다. 무심천 제방의 벚나무는 일제강점기에 심어 고사목이 많았다. 내가 1965년 청주시를 떠나 온 이후, 제방 아랫쪽에 심은 벚나무가 어느덧 성장하여 옛날처럼 청주의 명성을 되찾게 되어 반갑기도 했다.

그 후 서울시로 와서 여의도 윤중제에 심던 벚나무는 지금처럼 중형의 벚나무가 아니고, 나무 높이 거의 2m이하의 어린 묘목이었다. 성장하기 전 대형트럭이 내 뿜는 공해로 꽃이 검게 퇴색되고 나뭇가지가 훼손되는 경우가 많았다.

그 당시 영등포에서 근무했던 나를 비롯한 동료직원들은 고생을 무척했다. 나는 7년 간 영등포구청에서 근무했기에 여의도 윤중제 7km에 벚나무를 가장 많이 심고 가꾼 보람도 있다. 윤중제 벚꽃축제가 열리면 토·일요일에도 여의도에서 많은 날을 보냈다. 지금은 여의도가 아니라 전국 곳곳에 벚나무길이 생겨나서 봄철에는 벚꽃 관광의 명소가 되고 있다. 지금은 과거에 비하여 벚나무에 대한 국민의 감정도 해소되었다고 본다.

나는 시민이 즐기는 꽃을 그릇된 감정으로 보아서는 안 된다고 생각한다. 언제인가 일본의 동북도시 '센다이'에서 동경으로 들어오는 가로변에 무궁화가 만개하여 나를 감동시킨 적도 있었다. 2011년 귀촌 후, 우리 산에 농막을 지을 때 마을에서 들어오는 길 옆에 벚나무를 심었는데 화사하게 꽃필 무렵 저수지 제방을 2m 높이는 공사 때문에 벚나무가 모두 물에 잠겨 허탈감에 빠지기도 했다.

올해 봄, 필자가 거주하는 우리 산 주변의 둘레길 '산뜰애' 회장은 일부 햇살이 비치는 곳에 벚나무를 심으면서 나에게 잘 가꾸어 줄 것을 당부했다. 나는 작물에 물을 준 후, 벚나무에도 물을 가끔 주기도 했는데 가뭄이 심하여 잘 자라지 못했다. 이처럼 정성스레 가꾸는 벚나무가 또다시 내년 봄에는 꽃을 피워서 내 어릴 때 보았던 화사한 벚나무로 성장하기를 기대해 본다.

즐거운 아침 등산길

일요일 아침, 새벽 등산에서 돌아오다 '솔셈터널' 위 풍림아파트 앞길 화단에서 오륙 명의 주부들이 풀을 뽑고 있었다. 옷차림을 보니 나처럼 아침등산을 마치고 돌아가던 주부들로 보였다.

나는 그냥 지나치려다 "아주머니! 풍림아파트에 사세요?"라고 말을 건넸다.

"아닌데요, 아랫동네 'SK 아파트'에 삽니다."라고 말했다.

나는 그 지역이 풍림아파트 옆이라 당연히 풍림아파트에 살고 있는 주부들인 줄 알았다. 그런데 알고 보니 나처럼 터널 아랫동네에 사는 부주들이었기에 나도 모처럼 이웃이 된 기분으로 그들과 함께 잡초가 무성한 화단의 풀을 뽑는데 동참했다.

나는 함께 이들과 어울려 풀을 뽑다가 "어느 분이 먼저 풀을 뽑자고 했습니까?"라고 웃으면서 물어보았다. 그중 가장 젊어 보이는 주부가 이곳은 우리가 매일 다니는 등산길 옆이라서 풍림아파트는 아직 입주가 덜 되었으므로 가꾸는 사람이 없고, 강북구청에서 조성한 화단이라 우리가 화단을 가꿔야 합니다."라고 말했다.

작업이 계속되자 어느 주부는 "비가 올 때 뽑으면 이렇게 힘들지 않을 터인데"하며 투덜대는 사람도 있었고, 호미도 없이 맨손으로 풀을 뽑자니 힘이 들었는데 나도 손바닥이 아팠다. 그러던 중 또 한 남자가 합세하여 결국 7명이 협동으로 잡풀로 뒤덮였던 화단을 불과 몇 십분도 안 되어 말끔히 가꿔놓았다.

'내년 봄에는 더 아름답고 화려한 꽃을 피워 주겠지!' 기대하는 표정으로 화단을 가꾸며 땀 흘렸던 보람이 있어 작업이 끝날 무렵 이들의 얼굴에는 흐뭇한 표정마저 엿볼 수가 있었다. 비록 구슬 같은 땀은 흘렸지만 나는 아침의 시원한 공기를 마시면서 상쾌한 기분으로 언덕길을 내려왔다. 집 앞에 당도하니 아파트경비원이 나를 보며 "오늘 무슨 좋은 일이라도 있습니까?"라고 내게 물었다.

아마도 이날따라 주부들과 즐겁게 담소하며 합심하여 풀을 뽑았던 일이 내 얼굴표정까지 밝은 모습으로 바꿔놓은 것 같았다. 우리 주변에는 이웃끼리 작은 손길을 모으면 깨끗하고 아름다운 화단으로 만들 수 있는 작은 빈터가 많이 있다.

오늘처럼 이웃이 작은 일이라도 공터를 가꾸고 정성이 모아진다면 공해가 찌든 도시환경을 녹색식물의 향기가 나며 행복을 느낄 수 있는 공간으로 바꿀 수 있을 것이다. 그날 무심히 지나치기 쉬운 아침 시간에 등산로 옆 화단을 지나면서 가장 먼저 풀을 뽑자고 제안했던 그 주부처럼 우리네 주변에도 이처럼 솔선하는 사람이 많아질 때, 우리가 살고 있는 이웃은 그만큼 더 아름답고 행복을 만드는 살기 좋은 마을이 되리라고 기대해 본다.

한·일 우정의 해 소감所感

인사동 주변에서 주로 생활하는 나는 운니동 로터리 주변의 일본문화원에 걸려있는 대형 현수막의 글귀를 보고 허망한 느낌에 사로잡힐 때가 많다.

'日·韓 友情의 해' '나가자 미래로, 다 같이 세계로'란 글귀다.

독도문제가 불거지고 일본수상의 '야스쿠니' 신사참배로 인한 일련의 사건들이 때로는 양국의 감정대립 양상까지 보인다. 국제회의에서도 간헐적으로 서로 비난하는 신문기사를 접하면서 국민의 한 사람으로 답답한 생각이 들 때가 한두 번이 아니다.

그러나 두꺼운 얼음장에도 숨구멍은 있게 마련이고, 그 밑으로 물은 흐르듯이 한류문화의 열기와 교류는 식지 않고 계속 진전되는 것을 보면 그나마 다행스럽게 느껴진다. 지난 9월, 한·일민간단체의 주최로 서울과 도교 양 도시에서 축제가 개최되었는데, 서울에서의 축제는 일본의 유수한 축제(마츠리)팀이 참가하여 일본에 가지 않고서도 한 장소에서 많은 축제를 관람할 수 있어 흥미로웠다.

그날 청계광장 가설천막에는 출제팀의 독특한 의상을 입고 민속품을 전시한 판매코너도 마련되어 모처럼 서울에서도 일본문화의 진수를 만끽할 수 가 있었었다.

여기에는 아오모리현의 '네부타', 아키타현 '간도'(연등을 소재로 한 전통민속 예능), 서울 재팬클럽의 '요사코이' 아리랑 춤 등 8개 팀으로 구성되어 고유의상에 대형장식이 선보였다. 특히 한국에 거주하는 일본여성들이 전통의상인 '기모노' 차림에 서울월드컵 때 붉은 악마가 불렀던 일본의 '요사코이'로 창작하여 아리랑 환상곡에 맞추어 춤의 선율을 선보였을 때, 연도에 몰려든 많은 관중들로부터 탄성과 환호의 박수를 받았다.

우리나라에서는 대다수 축제행사가 추석을 전후하여 집중되는데, 일본의 축제는 도시와 지방을 막론하고 연중 벌어지고 있는 것이 우리와 다르다.

특히 백제의 왕인王人 박사 일행의 일본 도착을 기리는 관서지방의 '왓쇼이' 축제는 오사카 중심지 불교거리에서 해마다 개최되는데 이 행사를 보면 오사카에 사는 한국교포는 물론 일본사람도 '왓쇼이'를 외치는 축제분위기로 일본열도에서 한국의 소리가 되살아나는 것 같은 인상을 받는다.

이처럼 양국 간 문화교류가 끊이지 않고 매년 지속되는 것은 문화 활동에는 이해타산이 없고 인적교류를 동반한다. 그리고 서로의 감정을 순화시키고 앙금을 풀어나가는데 어떤 수단보다 유효하게 작용한다는 데 주목해야 한다.

1965년 한·일수교 이래 40년의 세월이 흘렀고, 그동안 양국은 경제·사회·문화를 비롯하여 모든 방면에서 부단한 교류로 서로 간에 정치적인 현안도 있었지만 선린우호가 지속되어 양국의 발전에도 도움이 되었다고 볼 수 있다.

그뿐인가 지금은 7,000여 가구에 이르는 한·일 동포들이 국경을 초월하여 결혼을 통하여 혈연관계를 맺고 살아가고 있지 않는가.

내가 알고 있는 40대 전후의 일본인을 만나보면 그들에게는 과거의 한·일 간의 복잡한 역사적 관계는 중요하지 않게 여긴다. 그뿐만 아니라 기성세대의 민족감정을 불러일으키는 언행도 싫어한다. 그러한 그들에게 억지로 과거사를 캐내어 그릇된 인상을 줄 필요가 없을 뿐만 아니라 이는 양국의 미래를 위해서도 바람직하지 않다. 나는 관광안내원으로 일본에 자주 왕래하게 되어 양국문화와 역사에 접할 때가 많다. 때로는 그네들의 청결한 환경유지와 친절한 시민의식 등을 이야기하다 보면 주위에서 나를 친일로 오해하는 친구들도 간혹 있다.

일본에 거주하는 재일 교포들을 만나보면 그동안 민단과 조총련이 같은 민족으로 이웃에 살면서도 말없이 등을 돌린 것이 실상이었는데, 요즈음은 한국교민으로 하나가 되기 위하여 합심노력하고 있다는 반가운 소식을 듣는다. 이처럼 한·일 두 나라가 문화활동을 통하여 활발히 교류하는데, 정치적 양상은 그렇지 못하여 안타까울 때도 있다. 나는 독도영유권 분쟁과 역사인식문제 등으로 한국과 일본의 관계가 악화되면서 최근에는 일본인들의 한국인에 대한 호감도가 떨어지고 있다는 말도 들린다. 휴가철에 가까운 한국보다 동남아 등지로 관광지를 바꾸고 있다는 반갑지 못한 정보를 대할 때마다 이제는 우리 국민도 과거의 일본에 대한 나쁜 인식과 선입관을 바꿔야 한다고 생각한다.

지금 일본에서 살고 있는 우리 교포들의 지위향상을 위해서 한·일 두 나라가 더욱 노력하고 북한의 핵확산을 저지하는데 미국 다음으로 일본과의 관계가 그 어느 때 보다도 중요한 시점에 있다고 생각된다.

지난해의 못한 나랏일들이 새해에는 저 현수막의 "나가자 미래로, 다 같이 세계로" 라는 글귀처럼 양국이 선린우호관계를 회복하여 힘차게 발걸음을 옮길 수 있는 그러한 해가 되었으면 하는 마음 간절하다.

나는야 화계사 지킴이

2014년 강북구청에서 서울시 문화재지킴이를 희망하는 주민이 있으면 '문화공보과'에 접수하라는 연락을 받고 나는 화계사 대웅전을 신청했다.

며칠 후 강북구청에서 위촉장을 수여하는 자리에 참석해 보니 공무원 출신은 나 혼자뿐 대부분 강북문화원에서 해설사로 활동하고 있는 여성들이었다.

나는 서울시 재직 중 문화재관리 부서에서도 근무했으며, 서울문화사학회를 발족하여 학술조사와 미등록 문화재 발굴의 경험도 있었다. 소속한 단체에서 '1문화재 1지킴이'운동에 참여하고 있는데, 개인적으로 문화재 하나를 더 선정하여 지킴이 활동을 하고 싶었다.

화계사는 대웅전을 비롯하여 불교문화재가 많고, 집에서도 둘레길로 등산겸 한 시간이면 갈 수 있는 거리라 건강관리에도 좋을 것 같아서 화계사를 선택했다.

우리나라의 문화재에는 불교문화재가 많은데 해설을 위해서는 불교에 대한 지식이 절대적으로 필요하다. 나는 농촌 출신이고 여러 남매가 공부를 하여 전답을 팔지 않으면 대학진학은 어려워서 한동안 절에 들어가 고시공부를 했다. 그 후 서울시 재직 중에는 불심회원으로 활동하여 불교문화에 대한 관심도 많았다. 화계사 지킴이는 일주일에 한 번 활동을 하기 때문에 그날은 집 뒤 삼각산으로 가는 142계단을 올라 칼바위 능선으로 향하면 멀리 백운대 인수봉이 보이고, 공초 오상순의 묘를 지나 구름전망대에서 화계사를 내려다보며 잠시 쉬어간다.

등산을 겸한 지킴이 활동은 주변 산과 자연을 함께하면 기분이 절로 상쾌해진다. 화계사에는 고종 때 흥선대원군의 시주로 건립한 대웅전(서울시유형문화재 제65호)과 중종(1683) 때 소백산 희방사에서 사인스님이 주조한 동종(보물 제11-5호)을 비롯하여 흥선대원군과 신관호(보화루), 정학교(대웅전) 등의 친필 현판이 남아있다.

특히 화계사는 왕실과 관련이 많은데, 흥선대원군이 안동김씨 세도로 어려움에 처했을 때 만인萬印 스님의 권유로 경기도 연천에 모신 아버지(남연군)의 묘를 충남 가야산으로 이장했다. 그런 연유로 아들(고종)과 손자(순종)가 황제에 등극했다는 흥미로운 이야기가 전해진다.

화계사는 숭산스님이 개원한 국제선원이 있어 수많은 외국인 제자들이 이곳을 다녀가는 곳이며 대중적으로 잘 알려진 '현각스님'도 이곳에서 수행한 바 있다.

화계사의 주요건물은 대부분 목조로 되어 화재에 취약하다. 대웅전 옆 소화전을 수시로 점검하고 종무소에 들려 방재와 안전관리에 대해 당부하기도 한다. 대웅전 지붕 위 용마루를 보면 청기와 두 장이 보인다. 왜 두 장만 올려놓았을까?

대웅전 외벽 팔상도 벽화 중에서 부처님이 열반하여 관속에서 두 발이 나와 있는 이유 등 세세한 부분까지 스님에게 물어 나는 완벽한 해설사로 지식을 갖추도록 노력한다.

'화계華溪' 법보를 통해서 화계사 선승의 법문을 접하기도 하고 때로는 불교대학 청강생이 되어 불교에 대한 지식을 넓히고 있다. 종로 탑골공원의 원각사 십층 석탑에 대한 정보도 원각경圓覺經 청강을 통해 알게 된 내용이다.

문화재 사랑과 보존은 문화관광산업의 활성화를 위해서도 중요하지만, 우리의 정체성을 회복하고 정신문화의 지속성을 위해서도 중요하다. 모든 국민이 문화재 사랑에 더 많은 관심을 기울여주길 바란다. 그런 차원에서 나는 화계사 지킴이 활동에 보람을 갖고 최선을 다하리라 생각한다.

가나안 농군학교

1970년대 초, 월간 '샘터 사社' 주최로 전국독서대회가 후암동 소재 수도여학교 강당에서 개최되었다. 개최 한 달 전, 주최한 샘터지에서 필독하도록 권장한 책은 '성웅聖雄' 이순신, 가나안농군학교' 등 여덟 편으로 기억한다.

나도 그 대회를 위해 관련 책을 구입하거나 빌려서 대충 읽기도 했지만 시간이 없어 완독을 못하고 당일 대회에 임했다. 행사 당일 현장에 도착해 보니 전국대회란 명칭과 걸맞게 거의 삼백 명이 그날 강당에 모였다.

그날 10시가 되자 주최 측에서 8절지 두 장씩을 나누어주면서 제한시간(2시간) 내 독후감을 작성해줄 것을 거듭 강조했다. 잠시 후 독후감 주제가 단상 앞에 걸렸다. 『성웅 이순신』과 『가나안농군학교』 중 하나를 골라 쓰라고 했다.

나는 두 편 중에서 『가나안농군학교』를 선택했다. 이유는 1965

년 내가 청주시 근무시절 '금천동마을청년회장'으로 있을 때 시청 공무원 신분으로 광주 중부면 가나안농군학교에서 1주일동안 교육을 받았다. 그때 농군학교의 교육과정이 뇌리에서 그대로 떠올라 쓰기도 좋았다. 앞 절에서는 김용기 선생이 추구하는 '젖과 샘이 흐르는 가나안농군학교'의 건설과정과 중반에는 그분의 교육이념, 그리고 나중에는 나의 성찰 등 3단계로 나누어 작성했다.

김용기 선생은 일제강점기 때 경기도 남양주 예봉산자락에서 태어났다. 우리나라가 가난과 무지에서 희망없이 살아가야만 했던 젊은 시절에 그는 중국 대륙 만주를 돌아보았다. 그들은 기름진 넓은 땅을 버려둔 채 마작과 게으름에서, 혹자는 자기 아내를 담보로 돈을 빌린 후 도박만을 일삼았다.

공부를 하고 노력하는 사람은 드물었다. 나중에 아내를 찾고자 돈을 마련해서 돈을 빌려준 전주 집에 들려 아내를 데려오고자 했는데 "당신 같은 사람과 평생 살다가는 고생만 하겠다."라며 종래는 아내도 빼앗기고 허랑방탕 헤매는 그 민족에도 희망이 엿보이지 않았다고 했다. 그는 다시 귀국하여 내 조국에서 살기 좋은 '가나안'을 건설해 보려는 '김용기'선생의 꿈을 실현하는 과정을 기술했다.

그가 최초로 개척한 곳은 종로구 부암동으로 바위산을 개척하여 자두나무 유실수를 심고 터전을 일궜는데 암벽으로 식물도 자라지 않아서 이를 접었다. 두 번째 천안 근처를 물색했다가 그곳도 실패하고, 종래는 경기도 광주군 중부면 황산의 야산을 개발하여 농군학교를 세웠다.

이곳에서 우리 국민이 게으르고 나태성에서 벗어나고자 '근로·봉사·희생'이란 교육목표와 '일하기 싫거든 먹지도 말자.'라는 생활지표를 설정했다. 그는 매일아침 일어나서 건강단련 체조와 달리기를 통하여 굳건한 체력을 만들었다.

공동배식 후 "이 밥이 입으로 들어오기까지 스물아홉 번 농민의 피와 땀으로 일구어진 양식에 대한 감사함을 일깨어주었다. 또 쌀 한 톨도 버리지 말고 적당량만큼 덜어먹는 식생활 태도, 비누도 한 번이면 족한데 여러 번 닦는 낭비벽을 없애자."라는 그곳의 교육내용은 내가 군대훈련 중에도 일찍이 경험하지 못한 정신과 노동훈련을 1주일 간 받으면서 많은 것을 깨닫게 해주었다.

고구마와 사과나무의 재배와 저장법이며 쌀에만 의존했던 주식을 특용작물 재배에 관심을 갖도록 했다. '열심히 땀을 흘리며 일하는 민족에게는 희망이 있다.'는 그분의 교육철학은 나에게 많은 감동을 주었다.

나는 그 교육 내용이 앞으로 이웃과 더불어 '잘살기 운동'과 연관하여 나와 가족, 이웃들, 그리고 직장동료까지 단체로 그곳에서 교육을 받도록 주선했다. 또 도덕적으로 문제가 있고 직장에서도 불량자로 낙인받던 사람들도 그곳으로 보내어 개과천선하는 기회를 주기도 했다. 그런 연유에서 나의 공직생활 절반은 새마을운동과 남을 돕는 사회복지분야에서 다년간 근무했다고 해도 과언이 아니다.

시간이 흐르면서 그러한 정신이 해이해지면 다시 '신림 제2 가나안학교'에서 김범일 교장으로부터 재충전의 기회를 받기도 했다.

그때 독서대회에 처음 출전했던 나에게 주어진 상은 '장려상'으로 부상은 그즈음 창간한 독서신문 1년 구독이 전부였다. 하지만 이를 계기로 독서에 대한 취미와 현재는 '광나루문학회' 일원이 되었고, 여생을 평범한 사람들의 지혜를 전달하는 샘터 가족처럼 살아가려고 한다.

여인숙 숙박계

마포구청이 비좁은 청사를 사용하다가 1979년 9월 3일 성산대로변 신축청사로 첫 출근하는 날이었다.

내가 현관으로 들어서는데 낯설은 두 남자가 내게 접근하면서 시경 수사과에서 왔다며 내게 신분증을 보여 주며 뒷문으로 데리고 갔다. 나는 순간 무슨 영문인지 몰라 그들에게 구청장에게 알리고 가겠다고 했으나 나중에 구청에 통보하겠다고 하면서 차에 태웠다.

서울시경으로 질주하는 차 내에서 시경형사들은 나에게 '마포로 확장과 철거 현장에서 양주 한 병과 돈 20만 원을 받지 않았느냐'고 하면서 나의 눈치를 살폈다. 나는 1년 전의 일이지만 기억이 나서 그 돈과 양주는 돌려준지 오래라고 하면서 입가에 엷은 웃음을 띠기도 했다. 그들은 나를 보고 대담하다며 일단 사무실에 가보면 알게 된다고 했다.

그들은 나를 남대문 근처 서울시경 수사과로 데리고 갔다. 그들은 의자에 앉으라고 하면서 이곳은 거짓말탐지기가 설치되어 있으니 헛된 진술을 하면 금방 벨이 울린다고 겁을 주면서 사실대로 답변하라고 했다.

나는 그 당시 마포구청 주택과장이었다. 형사들이 내게 심문하는 요지는 지난해부터 마포로 확장 공사가(아현동~마포종점 1.2km) 한창 진행 중에 있었다.

도로변 건물주는 저촉되는 부분의 보상협의는 지연하면서 확장되는 40m선으로 허가없이 불법건축을 짓고 있었다. 그 당시에는 건축법상 40m 도로변은 1종 미관지역으로 200m² 이내의 소규모 평수는 건축 허가가 불가능하여 이들은 보상을 미루고 불법으로 건축을 계속하고 있었다.

그러나 불법건축을 단속하는 주택과장으로서는 허가없이 증축하는 건물을 철거하지 않고 방치하면 직무유기며 나중에 책임을 면치 못했다. 그런데 보상과 공사를 주관하는 관계부서(재무과, 토목과)는 엄중히 단속하는 나에게 너무 한다며 구청장도 조속한 공사를 위해서 내 입장 보다 그쪽으로 기울어져 단속을 힘들게 했다.

나는 현장에서 위법 건축물을 철거 후 다시 발생되는 경우가 많아서 포크레인을 동원하여 완전철거를 했으며 어떠한 청탁이 있더라도 배제했다.

어느 날 단속을 맡은 담당(단속)계장이 나에게 이런 말을 했다. "6개월 전부터 형사들이 우리 단속반을 미행하고 있는데 이를 무마하기 위해 다소의 돈이 필요하다면서 마을금고에서 그 돈을 빌려야겠다"고 했다. 그 후에도 계장은 나에게 주택과는 취약점이 많아 그렇게 해서라도 직원을 보호해야 한다고 사정을 했다.

나는 계장과 직원에게 기회있을 때마다 현장에서 어떠한 어려움이 있어도 금품이나 유혹에는 굴하지 말고 불법건물은 발생즉시 철거하라고 거듭 지시했는데 무슨 협의가 있다고 무마를 한다는 것이냐'면서 그들의 제의를 묵살해버렸다.

그 후 계장과 일부 직원이 사무실에 출근하지 않고 무단결근이 잦았다. 그런 시기에 고향의 절친한 친구가 통일주체국민회의 대의원이 되었다면서 서울에 왔다. 나는 2~3명의 친구와 함께 불광동 모처에서 저녁을 한 후, 노래방까지 가서 즐겁게 놀다 통금시간이 가까워 헤어졌다. 나는 당시 집이 영등포동이라 택시를 타고 한강대교를 지나는데 통금 사이렌이 울렸다.

그 당시는 통금이 되면 택시도 멈추어야 되고 공무원이 통금위반으로 통보되면 징계위원회에 회부되는 때였다. 나는 차에서 내려 노량진 뒷골목의 허름한 여인숙에서 일박했다. 다음날 통금이 해제되어 집에 당도하니 아내가 골목 입구까지 나와서 나를 기다리고 있었다.

나는 아내에게 무슨 일이 있었느냐고 물으니 거의 울상으로 어젯밤 젊은 내외가 집으로 찾아와서 나를 찾기에 방으로 안내했다고 했다. 그들은 밤이 늦어도 내가 돌아오지 않자 갖고 온 양주 한 병과 봉투 하나를 놓고 가기에 한사코 거절해도 내일 다시 오겠다며 집에 놓고 돌아갔다는 것이다. 내가 생각해 보니 그 사람들은 그날 마포로 철거작업을 지시했던 건물 중 한 사람 같았다. 나는 그날 아침, 그 술과 돈 봉투를 갖고 사무실로 출근했다. 그것을 단속(철거담당)계장 책상 위에 놓고 어제 내가 없는 사이 우리 집에 와서 놓고 간 것이니 돌려주자고 계장과 함께 그 집에 갔었다.

그러나 건물주인은 다른 곳에 살고 세사는 사람도 집에 없었다. 할 수 없이 그것을 갖고 사무실에 와서 주인을 찾아 돌려주도록 하였으나 2~3일이 되어도 주소를 못 찾았다고 하면서 미적거리고 있었다.

그 후 주소를 확인하여 나는 집으로 그것을 가지고 와서 아내와 처 사촌언니에게 부탁하여 돌려주었다. 그런데 투서 내용에는 그 건축물을 철거하자고 과장인 나에게 몇 번씩이나 건의해도 그때마다 술과 돈 봉투를 보이면서 철거를 하지 말라고 했다는 것이다. 옆방에서는 여성의 날까로운 목소리가 들려왔다. 아마도 내게 돈과 양주를 주었다는 건물주를 연행하여 그 역시 형사에게 취조를 받고 있는 것 같았다.

저녁나절 서대문경찰서에 근무하는 고향 후배가 어디서 정보를 들었는지 수사실로 나를 찾아왔다. 선배님! 지금 구속영장이 청구되는데 어디 연락해서 구원을 받을 곳이 있으면 말해 달라고 했다. 내개는 그럴만한 친척이나 지인이 없었다.

그 날 수사가 종결되지 않아 형사는 나를 데리고 서대문경찰서로 갔다. 그는 나를 유치장에 넣고 내일 다시 오겠다며 돌아갔다. 그곳에는 몇 명의 유치인이 있었지만 나는 공무원 신분으로 언론에 보도되면 수습이 어렵다고 생각하여 외부인의 시선을 피하려고 출입문을 등지고 어서 밤이 되기를 기다렸다. 그날은 좁은 창문을 부수고라도 탈주하고 싶은 생각뿐 너무나 억울하여 잠도 이루지 못하고 긴 밤을 지새웠다. 그때 나에게는 어머니 얼굴만 떠올랐다.

'어머니께서는 아들을 위해 매일 집 장독대에 정하수를 떠 놓고, 지금도 절에 가시어 불공을 드리는데 내게 왜 이러한 시련이 오는지… 나는 앞으로 내 운명이 어떻게 될지 마음이 초조해졌다.

다음날 오후에 형사가 나를 데리려 왔다. 그와 함께 수사과에 당도하니 사무실 분위기가 사뭇 달라진 느낌을 받았다. 담당형사는 나의 영장이 기각되고 불구속으로 송치한다고 했다. 그런 후 가족에게 연락해서 주민등록 1통을 제출하고 풀려나왔다.

사건이 검찰로 송치되어 담당(조승식) 검사에게 수사를 받았다. 그 검사는 대전고등학교를 졸업하고 사법연수원을 수료 후 검사로 보임해서 내가 첫 번째 사건이라고 했다. 그런 검사에게는 아무리 지인이 있어도 부탁을 할 수 없다고 한다. 검찰은 내게 그 날 집에 돌아가지 않고 여인숙에서 잠을 잤다면 증명을 해오고, 철거하려던 건축물을 철거하지 않은 근거를 제시하여야 사건이 해결된다고 했다. 공무원 사회에서 상사를 고발하여 이런 사건이 있는 줄 몰랐다며 나에게 인간적으로 동정도 하면서 사건을 원점에서 다시 수사를 하겠다고 했다.

나는 그길로 노량진 골목으로 달려갔다. 벌써 1년 전 일인데, 그 여인숙을 찾더라도 내가 작성한 숙박계가 그대로 남아 있을까?…, 기대 반 우려 반 간신히 그 여인숙을 찾아냈다. 주인은 오래 되어선 지 얼른 찾지 못했다. 지난해 이전 숙박계는 벽장에 두었다며 벽장으로 올라갔다. 한참 후 그는 낡고 먼지가 쌓인 숙박계를 갖고 오면서 그때 숙박계라고 내게 보여 주었다. 한참 후 숙박했던 날자가 기억나서 몇 장을 넘기는데 거기에는 분명 내가 자필로 쓴 숙박계가 있었다, '12시에 숙박하고 새벽 4시 반까지'의 기록이 적혀 있었다. 얼마나 반가운지 나는 여인숙 주인에게 얼마를 사례하고 원본을 직접 검사에게 제출 후 나중에 되돌려 주었다.

그리고 해당건물을 철거하지 않은 사유는 그 당시 '카터' 미국대통령 방한을 앞두고 마포로가 귀빈도로로 행사가 끝난 후 철거하겠다는 철거보류의 구청장 방침을 받았기 때문에 그 서류도 함께 제출했다. 당시 구청장(故人 최상근)도 그 일로 검찰에 출두하여 추가로 진술을 받았고 나에 대한 검찰조사는 거의 6개월 만에 무혐의로 사건이 종결되었다.

사람은 살아가면서 이웃을 잘 만나야 되거늘 부하 직원을 잘 못 두어 적지 않은 정신적 고통을 겪었다. 나는 지금도 '마포로'를 지날 때마다 잘못하면 공무원생활도 못 할뻔했던 악몽이 되살아나고, 나에게 영장청구를 기각한 김훈 판사(변호사)와 무혐의 처분을 해준 조승식 검사(변호사)에게 감사함을 느끼며 시간이 허락되는 날 인사차 들려야 되겠다는 생각을 해본다.

사회복지사(Social Worker)

1989년 이해원 시장이 서울특별시장으로 부임했다.

그는 전직 보사부장관을 역임하여 부임 초부터 사회복지행정에 남다른 시정을 보여주기 시작했다. 첫 과제로 일선 동사무소에서 지금까지 행정직 공무원이 담당했던 사회담당자를 사회복지학 전공의 대학졸업생을 7급 별정직 공무원으로 공채하여 일선동사무소에 배치했다. 이들 사회복지사는 별정직으로 상위 직 승진이 보장되지 않았지만 대학졸업 후, 마땅한 자리가 없던 당시는 취업의 기회가 주어져 그들의 사기가 무척 높았다.

나는 그때 강서구청 시민생활국장으로 이들의 음성 꽃동네에서 실시했던 1박2일 연수교육에도 동참했다. 연수 첫날은 최웅진 신부로부터 꽃동네 설립취지와 시설을 견학하고 거동이 불편한 수용시설에서 수용자와 함께 지내는 체험학습이었다.

그날 밤 10시 우리는 취침에 들어갔다. 밤 11시 30분경 취침실로 안내방송이 흘러나왔다. 수용자가 갑자기 사망하여 시신을 미사 드리는 교당으로 운구하여야 하는데 담당자들이 퇴청하여 그날 연수하는 학생 중에서 5~6명이 나와 주어야 한다는 내용이었다. 나는 아직 잠이 들기 전이어서 누구를 깨울까 망설이고 있었는데 3~4명이 자리에서 일어나면서 자기들이 나가겠다고 했다.

나는 순간 젊은이들이 심야에 서로 나서겠다는 이들을 보고 과연 행정직 일반 공무원이 왔다면 가능할까 적이 의심을 했는데 첫날 연수에 임한 이들이 자진해서 나가겠다니 감동을 받았다. 밤 12시 30분경 운구작업을 마치고 다시 취침에 들 때까지 그들 젊은이들에서 받은 충격 때문에 나는 잠을 설치기도 했다.

마치 간호사인 내 딸이 중환자실에서 환자의 마지막 순간까지 최선을 다하는 모습이 떠올려지기도 했다. 이튿날, 교육을 마치며 수료소감을 작성하는데 수료생들은 자기 포켓에서 갖고 있는 지폐를 꺼내어 책상에 내놓으면서 꽃동네 가족을 위해 써달라고 오웅진 신부에게 전달했다.

서울시로 돌아오는 차 안에서 그들은 배치된 각 구별로 복지시설 한 군데를 지정해 주면 매달 한 번 모여 수용자들을 돕는 봉사활동을 하고 싶다고 포부를 말하여 꽃동네 연수효과가 이들에게 유효적절한 교육이었다고 생각되었다. 이들 7급사회복지사들은 각 구청에서 구호대상자가 많은 분포에 따라 동사무소에 배치하였다.

그날부터 6개월이 지난 후, 서울시에서는 이들 사회복지 전문직원이 일선동사무소에 배치된 후 종전보다 달라진 것이 있으면 보고하라는 지시가 있었다.

나는 구청 주간 동정보고회에 관내 염창동장으로 다음과 같은 보고를 접했다.

그 동사무소는 전 직원이 7명으로 말단부서라 직원들의 연령이 비교적 많고 그 당시는 고학년 출신이 별로 많지 않아서 동장은 처음 발령한 대학출신 여성공무원에게 많은 신경을 쓴다고 했다. 동장은 직원 숫자가 적고 매일 점심에 외식하는 비용을 절약하기 위해 동사무실 청소를 하는 여성(일용잡급)에게 일정한 급식비를 주어 공동으로 식사를 하면 박봉으로 생활하는 직원에게도 도움이 될 것 같아서 몇 해 전부터 이를 실천해 오고 있다고 했다. 그런데 새로 부임한 그 여직원은 이에 동참하지 않고 점심 때마다 외출하여 일부 직원의 빈축을 받는다고 했다.

동장의 생각으로 간혹 신임직원과 기존 직원 간 흔히 있는 현상으로 시일이 지나면 나아질 것으로 그냥 흘려보냈는데 직원들의 불만이 계속 표출되어 동장도 무심히 보낼 수 없어 어느 날 그 직원이 점심이면 외출하여 어떤 식당에서 매식을 하고 있는지 몰래 뒤를 밟았다고 했다. 그런데 알고 보니 여직원이 가는 곳은 인근 식당이 아니라 동장도 한 번 방문한 경험이 있는 생활극빈자 할머니(80세) 셋방으로 향했다. 가만히 가서 보니 병석病席에 있는 그 할머니에게 갖고 간 미음을 드리고 자기도 도시락을 할머니와 같이 먹고 있지 않는가.

그 순간 동장은 그를 의심하여 미행했던 자신이 부끄럽고 큰 충격을 받았다고 했다. 그 동안 동사회담당 직원의 일부가 수급대상자가 정해진 날에 오지 않고 날자가 지나 수시로 찾아와 그들과 대화를 하다보면 다른 업무도 할 수 없다면서 불평을 했단다. 사회담당을 기피하여 대민 봉사를 하는 일선동장의 고민도 많았는데 이제는 그런 폐단도 없어졌고 새로 임용한 사회복지사인 전문공무원을 신뢰하여 만족해하는 표정이었다.

나는 그 여직원의 6개월 동안 활동한 방문일지를 종합하여 일선동사무소에 사회복지사가 배치되면서 달라지는 '서울시 복지행정의 미래'란 제목으로 서울시에 보고서를 작성했다. 시장은 이를 토대로 대통령이 주재하는 국무회의에서 보고를 했고 그 여직원은 그러한 공적으로 서울특별시장상을 받기도 했다.

별정직 7급 직원을 처음으로 공개 채용할 당시는 더 이상 상위上位직으로 승진할 수 없었는데 그 후 일반 공무원과 마찬가지로 6급으로 승진기회가 주어졌고, 나와 함께 근무했던 그 여직원은 사무관으로 임관되어 현재 일선 구청에 사회복지과장으로 재임하고 있다는 소식을 들으니 그때 일선에서 그들과 함께 복지행정을 수행했던 나도 무척 기뻤다.

이처럼 서울시에 최초로 사회복지사 제도를 도입해서 현재는 각동 주민자치센터에 5~6명이 배치되는 등, 서울시 사회복지행정에 획기적인 이정표를 세운 이해원 시장님, 그분은 몇 년 전 작고하셨지만 내가 모신 서울시장 중에서 가장 존경하는 시장으로 손꼽을 만한 시장이었다고 말할 수 있다.

청계천이여 영원하라

정유년 새해 이튿날, 나는 서울 도심을 남과 북으로 가르는 청계천 물길을 따라서 두 시간 넘게 산책했다. 물은 졸졸졸 소리내며 크고 작은 돌을 헤집고 때로는 거품을 내면서 하류로 흘러간다. 물줄기를 따라 걷다보면 노자의 도덕경에서 나오는 상선약수上善若水의 이치를 깨닫게 된다.

지금으로부터 12년 전, 2005년 10월 1일 10시. 백두산 천지와 한라산 백록담에서 길어온 물을 팔석담에 쏟아붓는 순간 행사에 참석한 많은 시민의 함성과 박수소리며 오색풍선이 하늘 높이 떠오르던 그때의 광경이 눈에 선했다. 청계광장에 '스프링타워'를 제작한 조각가 '월런버그'도 참석하여 청계천 복원으로 서울이 비약적인 발전을 축원한다는 간단한 인사도 있었다. 그날로부터 오늘에 이르기까지 나는 자원봉사자로 청계천 5.8km를 오르내리면서 청계천의 역사와 문화, 복원과정에서 있었던 어려웠던 일들과 완공하기까지 이야기를 들려주는 '스토리텔러'로 나섰다.

조선시대 청계천은 장안 사람들의 생활과 놀이공간이 어우러진 개천이었다. 그 시절 청계천변에는 많은 사람들이 운집하여 삶의 애환과 재담을 들려주는 전문이야기꾼이 있었는데 이를 '전기수' 라고 불렀다.

필자는 포도대장과 선비, 때로는 김삿갓처럼 의복을 갖추고 전기수로서의 역할과 외국인에게 우리 고유의 복식과 전통문화를 소개했다. 그들이 귀국하여 나에게 보내온 글이나 사진을 볼 때마다 한국을 알리는 관광안내자로서의 보람도 느꼈다.

청계천에서 활동을 하다보면 서울시의 옛 동료들과 지인을 만나는데, 나의 이러한 행각을 보고 비웃던 동료들도 있었지만 별로 신경을 쓰지 않았다. 왜냐하면 서울의 역사와 문화를 오랫동안 배웠고, 현장체험을 많이 한 필자로서 청계천을 안내하는데 자신감이 생겨서다. 그리고 비록 퇴직은 하였어도 발전하는 서울을 많은 사람들에게 소개할 수 있는 기회가 되어 자부심도 생겼기 때문이다. 청계천에는 스물두 개의 다리가 있는데 각각의 역사와 사연이 많다.

광통교에는 신덕왕후와 태종 이방원 사이에 얽힌 미움이 서려있다.

삼일교 근처 반차도에는 정조대왕의 효심이 담겨있고 자라나는 후세의 현장교육장으로도 손색이 없다. 해마다 봄이면 도자벽화를 기부했던 신한은행 직원들이 물과 걸레로 벽면을 깨끗하게 세

수시킨다.

장통교는 숙종대왕이 영휘원으로 행차 중 역관의 딸 장옥정과의 첫 만남에 궁궐로 가서 비극적인 삶을 살다간 장희빈의 일생이 사극史劇으로 연출된 바 있다.

수표교는 청계천의 수표석이 설치되었던 다리로 해마다 정월대보름 민속명절에 다리밟기, 연날리기 행사가 열렸던 유서 깊은 다리였다. 복개 시 임시로 옮겨놓은 장충단공원의 원래 석재를 옮기려 했지만 현재의 청계천 양측 도로를 확보하지 못하여 목조로 임시 가설하여 볼품이 없다.

배오개 다리 밑에는 수변무대가 설치되어 여름철 패션행사 때는 젊은이들로 꽉 채워진다. 버들다리에는 노동현실을 개선하려 분신한 전태일의 흉상이 있는데, 요즈음 찾는 사람도 많아 역사의 변화를 실감한다. 서울성곽 18km가 지나는 오관수문에는 청계천의 준천에 관한 벽화와 역사적 사실을 동판으로 기록해놓아 영조임금의 행적이 돋보인다. 색동벽은 우리 마음속에 이어져 내려오는 전통문양이며 오방색은 한국의 빛깔, 영혼을 상징하는 '음양오행사상'이 담겨 있다.

나는 조선시대 아낙네들의 빨래터가 있는 곳에서 잠시 쉬어간다. 빨래터는 옛 여인들이 고단한 삶에서 벗어날 수 있는 자유의 쉼터였으며, 그들은 힘찬 방망이질로 가슴속 깊이 사무쳐 오던 삶의 울분을 떨어내기도 했다.

영도교에는 17세의 단종이 정순왕비와 마지막 이별하고 세 명의 시녀들과 함께 외롭게 살다간 슬픈 이야기가 전해진다. 오색연

필로 그려진 '소망의 벽'에는 2만여 명의 시민들이 조그만 소망과 바램들을 가로·세로 10cm 정사각형 타일에 표현하여 청계천을 찾는 시민의 발걸음을 멈추게 한다.

세월교를 건너가니 낯설은 제주돌 하루방과 물 허벅을 지고 있는 석상이 나를 맞는다. 청계천 복원의 의미를 함께 하고자 멀리서 온 제주도민의 참여 의지가 돋보였다. 비우당교는 세종 때 청백리 유관柳寬의 청빈한 삶을 전하고 철거하다 남겨진 세 개의 부서진 교각은 청계천 복원의 의미를 되새기며 과거와 현재를 말해준다.

정릉천과 합수되는 형상으로 설계된 두물다리를 지나니 우측에 청계천 판잣집이 되살아난 듯 내 앞에 다가선다. 내부로 들어가 보니 아들을 대학에 보냈던 담뱃가게와 손재봉틀로 자녀들의 옷을 기워 입히던 5~60년 전의 초라했던 그 시절로 되돌아가는 느낌이다. 청계천에는 청둥오리, 황초롱이가 찾아오고 맑은 냇물에는 메기·버들치·잉어·피라미 등 어류들이 서식한다. 청계천 하류는 복원이 덜된 지역이라 현재 '조류보호지역'으로 지정되어 생태학습 장소로 활용하고 있다.

머지않아 버들잎이 돋아나고 수양버들이 연두색으로 피어오르는 시기가 도래하여 또다시 나에게 청계천 해설사로 봉사할 기회가 주어지면 기꺼이 나서려고 한다.

그날을 위해 나의 부족한 외국어 능력을 쉬지 않고 연마하여 좀 더 완숙한 안내자로 활동하고 싶다.

우리집 감나무

이사를 할 때마다 나는 담장 안에 감나무를 심는다.

감나무는 별로 거름을 주지 않아도 잘 자라고 병충해에도 강하다. 가을이면 가지가 휠 정도로 주렁주렁 달린 감나무를 바라보면서 도시 속에 가을의 정취와 수확의 기쁨을 나누며 살아간다.

나는 13년 전 상일동 묘목시장에서 둥주리감 세 그루를 구입하여 시흥동 집에 심었더니 3년이 지나서야 감이 열리기 시작하였다. 해를 거듭할수록 골목을 덮을 정도로 가지가 뻗어 주변에서는 우리 집을 '감나무 집'으로 불렀다. 어머님은 잘 익은 감을 교회와 노인정에도 나누어주고 이웃과 정분을 쌓는데 한 몫을 했다.

나는 공직에서 퇴직 후 문화의 불모지역인 금천구에 혼신渾身을 다하여 문화원을 설립하고 사무국장으로 재임하면서 지역문화발전에 전념했으나 3년도 못되어 텃세에 밀려 그만두게 되었다. 매일 바쁘게 살던 나의 생활이 막상 일손을 놓고 보니 갈 곳이 없고 새로운 일자리를 찾아보려 해도 쉽지 않아 한동안 방황하기도 했다. 마치 달리던 자동차가 급브레이크를 밟았을 때 몸에 충격을 받듯 나의 건강은 갑작스런 실직으로 신경쇠약과 불면증까지 겹쳐 몸이 갈수록 쇠약해져 급기야 우울증 환자가 되어 정신병원에 입원하는 지경에 이르렀다. 병원 입원 후 날이 갈수록 이웃과의 정도 멀어졌고 지인들과도 만나기가 싫어 집을 팔고 어디론가 떠나고 싶은 마음뿐이었다.

우리 집은 아버지가 돌아가신 후 장남인 내가 홀로 계시는 어머니를 모시려고 들어와 산 지도 7년째 된 다가구 집이었다. 그 당시는 부동산매매가 거의 없는 불경기에 집을 내놓아도 구입자가 없어 매매가 불가능한 시기였다.

병은 치유되지 않고 점점 악화되자 나는 손해를 보더라도 집을 얼른 매도하고 다른 곳으로 이사를 가야겠다는 일념뿐이었다. 이웃에 살던 사람이 평소 우리 집 앞을 지날 때마다 눈여겨 보던 감나무가 좋아서 다행스럽게도 별로 손해 보지 않고 팔 수가 있었다. 그러나 어머니의 반대가 심하여 나는 어머니를 설득시키느라 무던히 애를 먹었다.

당시 92세 어머니는 "내가 죽거들랑 다른 곳으로 이사를 하면 몰라도 생전에는 절대 팔 수 없다"고 하시며 좀처럼 허락을 해주지 않으셨다.

어머니가 그처럼 반대하시는 데는 그만한 이유가 있었다. 이곳으로 이사온 후 교회와 노인정에서 많은 친구들을 사귀었고, 해마다 감이 열리면 친구들에게 무척 자랑을 하셨다. 또한 감을 수확하여 이웃과 나누어주는 것이 즐거움인데 집을 팔고 다른 곳으로 이사를 가면, 감도 주지 못하고 그동안 사귄 노인정 친구와 교회의 권사 직분까지 한꺼번에 잃어 삶의 희망을 송두리째 저버리게 된다는 어머니의 말씀에도 나는 충분히 이해되었다.

나의 우울증은 더욱 악화되어 중증 진단이 내리자 병원에는 외출도 허락하지 않아 거의 감금상태로 몇 달이 흘렀다. 그때 의사와 친지들이 우울증환자는 환경을 바꿔주면 좀 나아질 수 있다며 어머니를 설득하였다.

지금까지 그토록 반대하시던 어머니도 아들의 병을 걱정하기 시작했다.

"네 병이 하루속히 치유된다면 좋을 대로 하라"고 하시며 마침내 승낙을 해주었다.

나와 어머니는 2002년 11월 13일 이삿짐을 가득 실은 트럭을 따라서 막 골목길을 나오려는데 어디선가 까치 두 마리가 날라와 감나무에 몇 개 남겨둔 홍시를 쪼아대며 요란스럽게 짖어댔다. 그 광경을 바라본 나는 마치 자기들을 위해 남겨 놓은 감을 먹도록 해 고맙다는 인사인지, 아니면 우리 가족과 마지막으로 작별을 나누려는 인사인지 마음이 쓸쓸하고 서글퍼졌다.

평소 반가운 소식을 전해준다는 까치소리도 그날따라 나를 몹시 우울하게 했다. 어머니는 시선을 감나무에서 떼지 못하고 연신 뒤돌아보는 모습을 보니 연로하신 어머니께 불효하는 것 같아 내 마음도 편치 않았다. 그날따라 아침부터 뿌연 하늘에는 햇볕조차 보이지 않더니 우리 집 이삿짐 차가 제2한강교를 건너올 때부터는 눈이 내리기 시작했다.

내가 매입한 아파트는 강북지역 삼각산 자락에 위치하고 그곳에 정이 들자면 상당기간 세월이 흘러야 했다. 삶이 얼마 남지 않은 어머니는 지금까지 단독주택에서 사셨기에 이사가는 곳이 아파트여서 탐탁하게 여기지 않았다. 수심에 잠겨 눈 내리는 창밖만 바라보시는 모습을 나는 민망하고 죄스러워 차마 바라볼 수가 없었다. 그때 나는 문득 그 옛날 고향에서 둘째누나가 시집가던 모습이 떠올라 그 때의 이야기를 넌지시 들려주었다.

우리 집 앞마당에서 전통혼례식을 마치고 가마 지붕에 소금을 뿌려주며 "잘 가서 살아 달라"고 하시며 서럽게 우시던 어머니의 등 뒤에서 누나를 떠나보내던 그날도 오늘처럼 많은 눈이 내리기 시작했다.

"어머니! 새로 이사하는 날 이렇게 눈이 내리는 것이 좋은가요? 나쁜가요?" 지금까지 아무 말없이 창밖만 바라보시던 어머니께서도 옛날 누님이 시집가던 그날이 어렴프시 기억나셨는지 "그 집에서는 네 누나가 시집간 후 집안이 불 일어나듯하여 복덩이가 굴러 들어왔다"고 하더라는 말을 들었다. 그렇다면 지금 내리는 서설瑞雪도 그리 나쁜 것이 아님을 나는 짐작할 수가 있었다.

"어머니! 너무 서운해 하지마세요." "새로 이사하는 아파트 앞과 노인정에도 다시 감나무를 심어드릴게요."하면서 나는 어머니의 따뜻한 손을 힘껏 잡아드리며 위로했다. "내 나이 90을 넘었는데 지금 심어 언제 그 감을 따 먹겠느냐?"

나는 이어 "할머님은 시골에서 보약 한 재 못자셨는데도 92세까지 장수하였는데 어머니는 우리 남매들이 효도하면 100세까지

살 수 있어요. 한 번 기대해 보세요."라고 말했다. 나는 어머니 얼굴에서 서운해 하시는 그늘을 지워드리고 안심시키기 위해 이런 저런 말로서 어머니를 위로해 드렸다.

내가 이처럼 감나무를 오래도록 가꾸고 좋아하는 데는 그럴만한 사연이 있다. 어릴 적 살던 고향집 뒤에는 큰 감나무가 여섯 그루 있었다. 아버지는 해마다 늦가을 감을 따서 홍시를 만들기 위해 담배 건조실 옥탑에 저장하여 우리 칠남매의 군것질거리를 겨우내 장만해 주셨다. 어머니는 장날이면 광주리에 담아서 시오리 장터와 고개 넘어 제천까지 가셔서 감을 팔아 나의 학비를 보태느라고 무척 고생스럽게 행상을 하셨다.

철이 없던 중학생 나는 친구들과 등·하교 시 시장 모퉁이 남의 가게 앞에 앉아 감을 파시던 어머니의 모습이 보기 싫어 일부러 시선을 피한 적이 한두 번이 아니었다. 그러나 아침에 이고 가신 감이 다 팔려 광주리에 몇 개만 남아 있는 것을 보면 나는 어머니와 함께 기뻐했다. 하지만 감이 광주리에 그대로 남은 채 해가 질 무렵까지 안 팔려 안타깝게 앉아 계시는 어머님을 보면 근심과 걱정을 함께 했던 그 시절이 자꾸 생각났다.

그 후 나는 어머니와 약속한대로 새로 이사해온 아파트 정원과 노인정에 심어 놓은 감나무에는 또 다시 둥주리감이 탐스럽게 열리기 시작했다. 늦가을 그 감을 따서 몇 개를 어머님께 드리니 너무나 대견해하시며 어린애처럼 환하게 웃으셨던 어머니는 다음 해 그 감이 노랗게 익어가던 무렵 97세로 저 세상으로 가셨다.

나는 지난해 아버지와 어머님이 함께 모셔진 묘역 근처에 또다시 감나무 세 그루를 심었다. 감이 장차 붉게 익으면 부모님 묘소에 차려놓고 어릴 때 나의 학비에 보탬이 되었던 감나무에 부모님 사랑을 떠올리리라.

그리고 가족과 함께 생전에 못 다한 어머니와 정다운 이야기를 나누면서 평생토록 효심을 간직한 채 살아가려고 한다.

3부
눈 오는 날이면 생각나는 사연들

눈 오는 날이면 생각나는 사연들

겨울 안개가 온종일 자욱하게 하늘을 가리더니 저녁 무렵부터 함박눈이 내리기 시작한다.

이웃 아파트 화단에 장식한 크리스마스트리에 흰눈이 솜처럼 쌓이고 가로등 불빛에 반사되어 내리는 눈을 바라다보니 가는 해의 아쉬움과 지난날에 이런 저런 상념들이 나래가 달린 듯 내 주위로 다가온다.

지금으로부터 6년 전 나는 정년퇴직을 앞두고 공로연수기간을 우리 내외, 어머님, 그리고 7살된 손녀와 함께 가족이 카나다 밴쿠바에서 머물고 있었다.

손녀는 가정사정으로 출생하여 6살이 될 때가지 우리 두 내외의 품에서 자랐다. 그 때에는 어디를 가더라도 손녀를 데리고 다녀야만 했고, 특히 여행을 할 때면 부부만의 덤덤한 분위기를 손녀와 함께 있으면 재잘거리며 웃음의 꽃도 피우고 그 애는 숫기도 좋아 여러 사람들 앞에서 춤도 잘 추어 뭇사람에게 인기를 독차지하여 우리 내외에게도 부러운 시선이 집중되기도 했다. 그래서 손녀의 손을 잡고 다니면 재미도 있을 뿐 아니라 그 애도 부모와 떨어져 자라는 측은한 마음을 달래줄 수 있어 나는 더 많은 사랑을 주고 싶었다.

손녀는 호텔에 들어갈 때면 방 키를 먼저 받아서 자기 가방을 끌고 앞장서 방도 잘 찾아가기 때문에 여행할 때면 우리 두 내외의 선발대 역할을 해주었다.

그해 겨울 우리 가족은 손녀와 함께 '록키' 산맥으로 여행을 갔었다. 겨울방학을 맞이하여 그곳에 조기유학하고 있는 어린이 자모들과 일행이 되어 우리들은 3대의 대형버스를 타고 아침 일찍 밴쿠버를 떠났는데 승객들은 거의가 젊은 엄마들로서 그 중에 우리 내외가 나이가 가장 많아 보였다.

버스는 캐나다 넓은 평원을 지나 고원지대에 들어서자 그 날도 오늘처럼 눈이 내리기 시작했다. 눈에 덮인 고원의 설경과 빽빽이 들어선 침엽수에 싸인 아름다운 자연림을 보니 이국적인 정취가 물씬 풍기어 여행이 더없이 즐거웠다. 저녁 무렵 록키산맥의 중간 지점인 소도시 '캠 룹스'에 도착하여 일박을 했다.

주변이 온통 눈으로 뒤덮여 성탄절 트리에 장식한 점멸빛이 없으면 모텔의 위치도 확인할 수 없을 정도로 폭설이 내려 금방 왔던 길도 보이지 않아 그날 밤에는 잘못하면 숙소도 찾아오기 힘들어 밖으로 나갈 엄두도 못 냈다.

다음날 우리들은 다시 버스에 오르려고 방문을 나서는데 옆방의 젊은 엄마와 딸들도 마침 함께 나왔다. 그 애들은 큰 선물을 우리 손녀에게 보이면서 아침에 산타크라스 할아버지가 놓고 갔다며 자랑을 했다. 그 순간 우리 손녀는 방에 무엇인가 두고 나온 것처럼 불현듯 다시 들어가더니 자기가 자던 침대를 뒤지기 시작하기 시작했다.

아무리 찾아보아도 거기에는 선물이 보이지 않자 실망해서 나오는 손녀의 얼굴을 나는 차마 안타까워 볼 수가 없었다.

어제 선물을 미리 주지 말고 옆방 엄마의 지혜처럼 밤새 침대머리에 놓지 못한 것이 우리 내외의 실수였다.

역시 아이들은 젊은 엄마가 키워야 된다는 생각이 들었다.

나는 그날 또 하나의 선물을 손녀에게 사주면서도 미안한 마음은 쉽게 가라앉지 않았다.

며칠 있으면 그 때처럼 크리스마스 날이 다가온다.

지금은 우리 손녀가 11살, 초등학교 4학년이 되었다.

나는 어제 손녀에게 전화를 걸었다.

"예린아!" 이번 크리스마스 선물은 무엇으로 해 줄까? 하고 물어보았다.

"할아버지, 고맙습니다." 하면서도 선물은 아직 생각 못했다고 한다. 공부 때문에 동심마저 억압된 탓인지, 아니면 옛날처럼 산타할아버지의 꿈도 사라졌는지 그리 기뻐하지 않는 것 같았다. '벌써 컸구나…'

대견하다는 느낌도 들지만 오늘처럼 눈이 내리는 밤이면 그 때의 나의 실수로 손녀의 동심에 상처를 주었던 일들이 내 머릿속에서 쉽게 사라지지 않고 추억의 파노라마처럼 다시 떠오른다.

귀촌하여 남은 여생을 보내리라

나는 우리의 전통문화와 역사에 남다른 관심을 가지고 이와 관련된 부서에도 근무한 적이 있다. 또 다년간 풍납토성과 청계천에서 역사·문화해설사로 자원봉사활동을 하기도 했다.

88서울올림픽 다음해, 아버님이 돌아가신 후 우리 내외는 그동안 살던 당산동 아파트를 장남에게 물려주고 홀로 남으신 어머니를 모시려고 시흥(금천구) 집으로 이사했다. 그 집은 대지가 넓어 우리가 이사하면서 감나무와 대추나무를 심었다.

가을이면 과실이 튼실하게 열려 어머니가 다니시던 노인정에도 보내고 추수감사절이 되면 교회에도 선물로 바치곤 했다.

어머니는 캐나다 뱅쿠버에 거주하는 여동생을 그리워하여 우리 가족은 어머니를 모시고 자주 왕래하였고, 동생과 매제妹弟 덕분에 록키산맥·오타와·나이아가라폭포 등 많은 곳을 여행했다.

내가 정년퇴직 후, 금천구에 문화원을 설립하고 사무국장으로 근무하다 자의반 타의반으로 그만두게 되었다. 그 후 한동안 우리 부부는 심한 우울증에 시달려 그 지역을 떠나고 싶었다. 또한 다가구 주택에서 살고 있는 세입자들이 자주 바뀌어 신경이 쓰여 불편하기도 했다.

아내는 생활이 편리한 아파트로 이사하면 우울증에서 벗어나고, 우리의 건강도 좋아지겠다며 나를 부추겼다. 그러나 연만(당시 92세)하신 어머니는 오랫동안 살아서 정든 이웃과 친구도 잃게 되고, 교회가 집에서 가까워서 반대하셨다. 하지만 우리 내외의 건강을 염려하고 동의해 주시어 2002년 강북구 삼각산자락 근처의 아파트로 이사했다. 단독주택을 떠날 때 어머니가 그처럼 서운해 하셨던 감과 대추나무를 나는 아파트 앞 정원에 다시 심었고, 그 과실을 어머니께 드리며 내 나름대로 효도했다. 우리 세 식구가 단란하게 보내던 2010년 9월, 어머니는 97세에 돌아가셨다.

나는 자나 깨나 어머니 모습이 지워지지 않았다. 49제를 마치고 슬픔을 떨치기 위해 우리 내외는 여행을 겸해 처제가 사는 미국으로 갔다. 그곳은 애틀랜타(조지아주)에서 자동차로 세 시간 거리의 미국 남부 '콜럼버스'란 도시였다.

동서는 미국인으로 월남전에 참여했으며 한국에서 근무 중 처제와 결혼하여 우리 내외는 가족처럼 지내는 사이였다. 그 도시에 있는 미 육군보병학교와 전쟁기념관 전시장에는 6·25한국전쟁과 월남전에 투입되었던 헬기와 무기 등이 전시되어 있다. 그리고 월남 정글 현장의 실전장면을 강원도 철원 지형을 선택하여 재현해 찍은 영상을 입체음향시설로 보여준다. 관람자들로 하여금 그 때의 참상을 깨우치게 하는 의미에서다.

넓은 메모리얼 잔디광장에는 전쟁에 희생된 병사들이 참전국별로 오석에 각인되어 있었다. 그 중에도 한국에서 전사한 미국병사가 가장 많았다.

나는 미국인의 거룩한 희생정신에 머리가 저절로 숙여져 이들의 이름이 새겨진 추도비 앞에서 묵념했다. 이 거대한 전쟁기념관 건립에 우리나라 '삼성기업'이 많은 기부를 했다는 안내자의 말에 나는 큰 감동을 받았다. 나라를 대신하여 기업이 앞장서 그 몫을 대신해 주는 삼성이 애국에도 첫째가는 기업이라고 생각되었다.

이 도시는 한국전쟁이나 월남전에 참전했던 퇴역 장병들이 많이 거주하며 대형 쇼핑몰과 복지시설 등이 완비되어 내게는 군사도시처럼 보였다.

처제의 저택은 소나무 숲에 위치해 자연경관이 아주 좋고 부지가 넓어 채소류는 텃밭에서 재배하여 자급자족했다.

처제 내외는 모친상을 당한지 얼마 안된 나의 처지를 알고 주말이면 우리 부부를 데리고 주변 일대를 구경시켜 주었다. 카터농장에서 땅콩 캐기, 호도 따기 봉사, 현대자동차공장 견학이며 '미시시피강'과 초등학교 때 즐겨 불렀던 '스와니강'으로 여행을 하며 우리를 즐겁게 해주려고 애를 썼다.

우리나라가 IMF경제위기였을 때, 우리 내외는 이곳에 한 번 다녀간 적이 있다. 이번 방문이 두 번째로 이웃에 안면있는 참전용사들도 다시 만났고, 그때 잠시 다녔던 주일교회에 나가보니 우리를 반기는 교인도 있어 금방 친숙해졌다. 그곳에 있는 동안 교회에서 실시하는 행려자 무료급식 봉사와 실버합창단에서 노래연습도 즐기면서 그해(2011) 민속명절도 동서 집에서 보냈다. 어느 정도 마음의 안정을 되찾게 되자 우리 부부는 집으로 돌아왔다.

'나도 이제 70대에 들어섰고 서울에 가면 봉사할 곳도 점점 줄게 되니 어머니가 안 계시는 세상에서 어떤 취미를 갖고 살아가면 좋을까?' 이런저런 생각 중에 제일 먼저 떠오르는 것이 고향이었다. 그러나 고향마을은 돌아가도 수몰되어 집도 전답도 없다. 그렇지만 아직도 임야가 조금 남아서 할머니와 부모님의 산소가 모셔져 있다. 나는 묘역 주변에 농막을 짓고 유실수를 가꾸면서 여생을 살아가려 한다.

반 고흐 해바라기

지난해 8월, 우리 내외는 딸·사위·손녀와 함께 5인 가족이 유럽 여행을 떠났다.

딸네 식구들은 유럽여행이 처음이어서 인천공항을 이륙할 때부터 마음이 들떠 있었다. 당초에는 우리 내외만 다녀오려 했는데 여행객 거의가 사오십 대 전후의 젊은 층이라 나는 딸네 가족과 어울려 가기를 잘했다는 생각이 들었다.

연만한 우리 부부가 젊은 사람과 함께 가는 여행에 뒤처질까 염려가 되어서인지 아내는 가이드 옆에서 떨어지지 않으려 무던히 애를 쓰는 모습이었다. 내게도 한 눈 팔지 말고 자기를 따라오라며 나를 마치 초등학생처럼 취급하기도 했다.

우리 일행은 로마·이태리·스위스를 여행하고 귀로에 파리에서 2박3일을 보냈다.

여행 마지막 코스로 선정한 곳은 세계적인 화가 「빈센트 반 고흐」가 말년에 많은 작품을 남긴 오베르(쉬르 우아스)로 동네 한가운데는 성당이 자리 잡고 있었다. 성당 규모는 그리 크지 않지만 오랜 역사의 흔적이 느껴졌다. 그곳에서 언덕을 조금 올라가니 널찍한 들판의 밀밭 풍경이 펼쳐 쳤다. 안내자는 이곳이 고흐의 마지막 작품으로 알려진 「까마귀 나는 밀밭」의 배경이라고 설명해 주었다.

동생 테오와 함께 잠든 묘지 옆에 노란 해바라기 두 그루가 나의 시선을 끌었다. 나는 1989년 가을 유럽 연수 중 '암스텔담 박물관'에서 고흐의 해바라기 작품을 본 적이 있었다. 그때 전시된 해바라기 그림은 파리 시절에 고흐가 수많은 색채 실험을 하여 찾아낸 보색조합의 결정체라고 했다. 푸른색 배경과 노란색의 꽃송이 사이에 검은 색을 배치해 해바라기가 더욱 눈에 들어왔다. 해설사의 설명에 의하면 고흐는 빛을 쫓아 남쪽나라로 가서 온 정열을 쏟아 자신의 해바라기를 창조했다고 전했다. 여기서 노란색은 고흐 자신만의 황금색으로 생각하여 고흐의 전매특허처럼 되었다고 했다. 고흐가 해바라기를 얼마나 좋아하고 그리기를 좋아했는지 알리기 위해 묘지에서도 해바라기를 심어놓은 듯했다.

오베르마을 전체는 고흐를 추억하는 사람들을 위한 고흐의 마을처럼 보였다. 죽은 고흐가 살아있는 오베르 시민을 먹여 살리고 있다고 말하면 지나친 표현일까!

나는 오베르를 떠나면서도 고흐의 묘지에 피어있던 두 그루의 해바라기가 내 어릴 때 살던 고향집에 해마다 피었던 해바라기 꽃처럼 연상되어 지워지지 않았다.

그 시절 우리 집 울타리 옆 해바라기는 한낮의 햇볕 아래 하루 종일 해를 따라가면서 익어갔고 추수기에 아버지는 원판처럼 둥근 해바라기 목을 잘라서 추녀 밑에 매달아 놓았다. 먹거리가 별로 없던 그때 우리 남매는 해바라기씨로 군것질을 했다. 나는 씨를 한 개 한 개 빼먹어 빈자리가 생겼다. 그러나 벌집처럼 올이 굵은 천에 한 고랑 두 고랑 수를 넣어 혼수婚需를 마련하던 큰 누나의 얼굴이 순간 해바라기처럼 떠올랐다. 우리나라에서는 양지陽地만 찾고 권력만 쫓아다니는 사람을 지칭할 때 보통 '해바라기 꽃'으로 비유된다. 하지만 서양에서는 꽃말도 긍지(Pride)다. 여름철 뜨거운 태양 아래 이 꽃보다 늠름한 꽃도 드물다. 서양이나 만주지방을 여행하다 보면 드넓은 밭에 해바라기를 대량으로 재배하여 꽃이 피는 계절에는 마치 태양을 옮겨 놓은 듯 들판을 노랗게 장식한다. 그래서 이름이 '태양의 꽃'인지도 모르겠다. 해바라기는 희망과 염원, 그리고 사랑하는 사람에 대한 애틋한 마음을 상징하는 꽃이라고도 한다. 그래서 고흐가 해바라기 꽃을 좋아하게 된 이유라고 했다.

나의 충주 농막은 진입로가 집 뒤로 나 있다. 땅을 마련할 때 입구의 도로가 좁아서 약 7평을 도로부지로 내놓았지만 차가 다니지 않아 해마다 잡초가 무성하여 오물로 더럽혀진다. 언젠가 옳지, 저곳에 올해부터 해바라기를 심어보자고 생각했다. 나도 반 고흐에는 미치지 못하지만 노란색 해바라기를 무척 좋아한다.

올해도 농사일에 전념하다 벌써 5월이 되니 그곳에는 예년처럼 잡풀로 꽉 메어졌다. 이미 해바라기씨를 넣을 시기를 놓쳐버린 것이다. 할 수없이 무성하게 자란 잡풀을 예초기로 말끔하게 제거한

다음 제초제를 뿌려놓고 약 10여 일 지나니 풀이 고사되어 맨땅이 들어났다. 이곳은 과거 시멘트 포장과 건축자재를 쌓아둔 곳이라서 바로 해바라기를 심을 수도 없었다. 덮개로 붙은 시멘트와 자갈을 걷어내고 굳게 다져진 땅을 곡괭이로 약 10군데 판 다음 외부에서 흙을 날라다 넣고, 이웃집 울타리에 밀식한 1m이상 자란 해바라기를 옮겨 심었다. 받침대를 세워 바람에도 넘어지지 않도록 동여매 주고, 매일 아침 조석으로 물을 주었다. 수분의 낭비를 막기 위해서 옆의 잎사귀는 제거하고 윗부분만 남겨두었다.

이처럼 매일 조석으로 물을 주며 정성껏 가꾸었더니 그리 크지는 않지만 노란 해바라기 꽃이 피기 시작했다. 그 앞에는 코스모스 묘를 심어 조그만 꽃밭을 만들었다. 옆집 할머니가 그 앞을 지나면서 해바라기를 가꾸는 나를 보고 찬사를 아끼지 않으셨다. "서울사람 때문에 아침에 마을회관으로 놀러가는 길이 즐겁다."고 하신다. 이처럼 꽃밭은 우리 가족만이 즐기는 것이 아니라 동네사람들에게 낭만과 즐거움을 선사해 준다. 며칠 전 청주에서 친구들이 농막에 들렀다.

유럽여행에서 반 고흐의 마을을 관광하고 돌아와서 해바라기 꽃밭을 만들었다고 자랑하니 어느 친구가 "고완기와 반 고흐는 종씨가 아니냐"고 농담을 하는 바람에 우리는 파안대소破顔大笑를 했다.

우리 주변에는 찾아보면 자투리땅이 더러 있다. 그대로 방치하지 말고 합심으로 노력하면 훌륭한 꽃밭을 만들 수 있지 않을까 싶다. 이웃이 함께 즐기고 살아가면서 대화의 장소가 마련되며 아름답고 깨끗한 마을이 수없이 늘어날 것이다.

‘박지원의 열하일기’ 코스를 따라

조선시대 청나라 이후 고종 때까지 공식사절(동지사 정조사)로 한 해 평균 네 차례 이상 내왕하였고 이에 참가한 정사 부사 서정관 대통사를 비롯해서 1회 300명으로 실제로 조선의 중국과 경제 문화교류는 북학파가 청나라로부터 신문명을 받아들이기 위해 이들 연행사燕行使에 의해 이루어졌다고 볼 수 있다.

필자는 당대의 문장가로 연암 박지원이 두 달여 다녀온 청, 황제의 ‘여름별장’을 개방한다는 소식을 들었다. 필자가 소속된 학회에서는 박지원이 1780년(庚子) 정조 4년 8월에 갔던 그 길을 따라서 2010년 5월 20일부터 25일간 답사를 하게 되었다. 서울에서 압록강까지는 항공편을 이용하고 그곳에서 북경까지 2천 리는 버스로 갔다.

5월 20~21일

압록강에서 출발한 지점은 그 당시 평안도 의주에서 건너오면

제일 먼저 도착지점인 3강에 이르렀고 애강愛江을 건너 '구련성'으로 갔는데, 지금은 호산장성虎山長城이 그 앞에 있어 그곳을 먼저 들렀다. 북으로 '금석산'과 '봉황산'을 바라보니 병조호란 때 심양으로 끌려갔던 봉림대군의 한恨이 떠올라 일행의 표정들은 다소 무거워 보였다. 여기서부터 일망무제 드넓은 요동벌이 펼쳐졌다. 심양에 도착하여 제일 먼저 발해대학을 갔는데 그곳 역사전시실에는 병자호란과 5학사(윤집, 오달제, 홍익한, 김상헌, 정온) 공적내용이 기록되어 있었다. 다음에 삼학사(윤집, 오달제, 홍익한)가 373년 전, 조선의 명예를 지키다 순국한 현장을 확인하니 마음이 숙연했다. '서탑' 주변의 한인거리는 옛 조선인이 유숙했던 곳이고, 남탑 주변에는 노예시장이 있었던 곳이라는데 어떤 민족이 노예였는지 알 수가 없었다.

심양에서 요양으로 가는 도중에 경유한 '요하'는 길이 1,400m이며 바다처럼 드넓은 평야지대여서 갈대와 습지로 제방이 높지 않아 장마 때면 많은 농경지가 침수될 것처럼 보였다. 요양시에 들어서자 저 멀리에 백탑이 보였다. 가깝게 다가서니 탑의 규모가 웅장하고 예술성이 뛰어나 지금까지 중국답사에서 보았던 탑과는 비교가 안 되었다.

8월 22일

요양에서 금주錦州와 진황도(산해관)에 이르는 2차선도로는 주변에 크고 작은 산이 많아 우리나라 산야山野처럼 보였다. '진황秦皇'시는 발해 만에 접해 있고 옛날 바다를 메워 육지와 연결한 도시라고 했다. 가까운 '팔리보'에는 '맹강녀' 묘가 있는데. 그녀는 남편 '범칠량'이 만리장성 축성에 동원되어 소식이 없자 그를 찾아 떠났다가 끝내 만나지 못하고 한을 품고 죽어 망부석으로 화했다는 애틋한 전설을 지니고 있다. 이곳 산해관山海關의 첫째 관문은 '위진화이威振華夷', 둘째 관문 '산해관山海關', 셋째 '천하제일관天下第一關'이란 현판이 걸려 있다. 그 옛날 연암은 이곳을 지나며 "슬프다. 몽염이 장성을 쌓아 되놈을 막으려 하였거늘 오랑캐는 관문을 열고 적을 맞기에 급급하였으니 내 이관에 무어라 더 할 말이 있으리오"라고 한탄을 했다고 안내자는 들려주었다. 우리들은 '영해성'과 '정토대(높이 17m)'와 '노룡두', '입해석성'을 답사하고 천하제일관의 높이가 약 10m의 옹성에 올라가 보았다. 각산장성角山長城은 폭 5.1m, 좌우에 여장, 봉돈 시설이 '팔달령' 부근의 만리장성과 흡사하게 석벽石壁으로 축조되었다.

삼하三河를 경유 북경까지 가는 길은 확장 공사 때문에 요철이 심했다. 난하는 옛날 백이숙제伯夷叔齋의 고죽국孤竹國으로 노용현盧龍縣 부근에 수양산이 있다고 한다. 백이숙재가 주나라 곡식 먹기를 거부하고 수양산에 숨어 고사리를 캐어먹다 굶어 죽었다는 고사故事의 고장이라고 했다. 그러나 지금은 철공소가 자리를 잡고 고죽성孤竹城 곳곳에는 기와 조각만 있었다. 그곳에서 조금 지나자 '옥전현'이라는 지명이 있는데 안내자는 박지원의 호질虎叱 소설의 창작배경이 된 곳이라고 했다. 연암은 호질이란 작품을 심유붕沈由朋의 집에서 하룻밤을 유숙하며 베껴온 작품이라고 했다. 옥전玉田을 지나니 통주通州에 이르고 여기서 북경까지는 그리 멀지 않았다.

23일

이튿날 북방 최대 규모의 도교사원 '동악묘'를 관람했다. 청색 대문을 들어서자 800년 수령의 회화나무가 즐비했다. 원나라 연우(延祐, 1314~1320) 때 창건하고 명明나라 정통(正統, 1436~1449) 시 확장, 강희 황제가 내탕금을 내려 건륭제가 높다란 언덕에 수 십 동의 전각을 지었는데 비문에는 조맹부의 글씨가 많았다. 이 사원祠院은 동악대제東嶽大帝를 지내는 곳으로 조선의 사신일행이 자금성 입성入城 전에 정사, 부사, 이하 수백 명이 의복을 갈아입고 자금성으로 출발하던 곳이라고 했다. '고古관상대박물관'에는 우리나라에서도 볼 수 있는 혼천의, 해시계 등 과학기구가 전시되어 있었다. 유리창 거리는 서울의 인사동처럼 고미술품, 고서적, 서화 등 상점이 즐비하여 옛 박지원도 여기에서 많은 고문서를 구입했다고 했다. 이 거리 양편의 2층 건물은 원나라 때 채색유리와 기와를 만들어 건설한 도서, 골동품, 고전문화거리이다. 그 뒤 남천주당을 방문했다. 한국 최초의 천주교 신자 이승훈(1756~1801)이 동지사인 아버지(이동욱)와 함께 교리를 읽혔으며 1601년에 건립한 '마테오리지' 동상이 있다.

24일

아침 일찍 일어나 승덕으로 가기 위해 좌측으로 '베이징' 올림픽 경기장과 복잡한 시내를 지나 우리가 승차한 버스는 열하를 향해 동북으로 거의 3시간 달리자 저 멀리 큰 산맥이 병풍처럼 다가서고 있었다. 근거리에서 보니 산의 정상을 따라 축조된 장성으로 보였는데 안내자는 사마대성司馬臺城으로 만리장성의 일부라고 하는데 현재는 터널로 통과한다고 했다. 옛날 박지원 일행은 저 높은 준령을 말을 타고 넘느라고 얼마나 힘들었을까?…. 우리 일행은 그곳에서 잠시 쉬면서 사기史記를 쓴 사마천에 대하여 이야기를 나누기도 했다. 긴 터널을 지나 한 시간 달렸는데 승덕承德인터체인지가 나왔다. 톨게이트의 조형미가 철골조를 둘둘 말아서 옆으로 누워 있는 형상形象으로 흔히 중국에서 보던 사각문형과 달랐다. 옛 청나라 강희康熙 때부터 매년 여름이면 승덕 여름별장을 이용했던 황제국의 출입구답게 전통건조물과 달리 이색적인 디자인으로 설계한 이유가 무었일까? 의문이 갔다.

난하暖河를 끼고 얼마쯤 올라가니 좌우에는 고층건물이 한창 건설 중으로 타워크레인이 잠자리처럼 공중에 솟아있었다. 몇 해 전부터 여름별장을 수리하여 관광객을 맞이하려고 대규모로 호텔과 레저시설을 짓고 있다고 한다.

이번 역사기행의 최종 목적지 열하熱河, 현재 지명은 승덕承德으로 조선 정조 때 실학자 연암 박지원이 1780년 3종형 '빅명원'을 따라 청의 건륭제 7순연에 참가했으며 그 해 약 2개월(6월, 24~8, 20) 동안 머물면서 견문한 청나라의 정치, 경제, 문물 등을 소개한 일기를 저술했다고 한다. 이곳은 청의 황제들이 피서를 와서 국사를 돌보던 「避暑山莊」 저택으로 주변 약 10km² 안에 호수, 정자, 사냥터 등이 있다고 했다. 그 옆에 외팔궁(소포탈라궁)은 피서산장과 함께 유네스코에 지정되어 있었다. 우리는 '외팔묘'를 돌아보고 피서산장을 비롯하여 주요전각과 거대한 연못 위에 열하熱河라는 표지석 앞에서 사진을 찍었다. 중국에서 가장 거대한 전각殿閣이라는 '광룡사'는 답사 일정이 촉박하여 들어가지 않고 외부에서 바라보고 북경으로 발길을 돌렸다.

이곳 여름별장은 북경에서 만리장성 동쪽 사마대성을 넘어 옛 청나라가 도읍했던 만주 땅에 건설되어 있었다. 그런데 청나라 황제들은 국가가 비상사태가 발상되면 즉시 북경으로 돌아갈 수 없는 머나먼 이곳에 청나라 초기에 여름별장을 짓고 거의 여름철 두 달 동안 황제들이 머물렀다는 사실은 필자로서는 좀처럼 이해가 되지 않았다.

북경 주변에 크고 작은 별장이 많은데 유독 청의 황제들이 머나먼 사마대성을 넘어 열하에 여름별장을 세운 것은 아마도 처음 세운 거란과 청나라를 건국 후 그들의 조상이 누렸던 향수에서 비롯되지 않았나 하는 의문이 들었고, 회원마다 갖는 견해가 달라 북경으로 돌아오는 차 안에서는 토론이 끝이지 않았다.

압록강의 봄 축제

나는 2004년 5월경, 고구려 유적지 답사일정 중에 단동에서 개최되는 조선족 민속놀이 축제를 관람한 적이 있었다.

이 행사는 압록강을 사이에 두고 북한과 신의주와 접경하고 있는 단동시 조선족 동포들이 매년 봄이면 서로의 친목과 민속을 기리는 축제의 마당으로 우리 단오절과 비슷하나 이곳에서는 '압록강의 봄'으로 불려지고 있었다.

당일 행사장소인 금강산錦江山 공원은 그곳에서 높은 지대에 위치하여 단동시내는 물론 강 건너 신의주까지 바라다 볼 수 있었다.

우리 일행이 도착할 무렵에 이곳 조선족들로 구성된 풍물패와 춤꾼들이 '농자천하지대본農者天下之大本' 깃발을 앞세우고 흥겨운 장단에 맞추어 덩실덩실 춤을 추며 행사장 주위를 돌면서 축제분위기를 한층 고양高揚시키고 있었다. 이들 춤꾼들의 복장은 대부분 다홍치마에 노란색 또는 초록색 저고리를 입은 노년층으로 다소 촌스럽게 보였지만 관중들로부터 많은 박수를 받았다. 우리의 민속놀이에서는 배달민족의 상징인 흰색 옷을 입는데 오늘 이곳의 여성춤꾼들은 거의 다홍치마에 노란색과 초록색 저고리를 입고 등장하는 것을 보니 압록강 국경을 사이에 두고 전통의상도 많이 달라지고 있다는 것을 실감했다.

이처럼 우리 민족이 즐겨 입는 다홍치마는 한민족이 서로 어울리는 축제마당에서도 전통의상으로 자리매김되어 만주의 요동지방의 민속놀이에서도 대표적인 의상으로 전승되고 있다는 것이 그날따라 무척 반갑기도 했다.

고구려 기상이 흐르는 '요동벌'을 찾아

2004년 5월 28일부터 6월 2일까지 요령지방의 옛 고구려 영토를 답사했다.

시기적으로 중국정부가 그곳을 자기네 땅이라고 소위 '동북공정'은 국내에서 여론이 비등한 시기에 그들의 잘못된 역사를 성토하기 위해 고구려유적답사가 목적이었다.

답사 첫날 5월 28일

집을 나설 때는 비가 내리고 일기예보에서도 서해바다에 파도가 높을 것이라는 방송을 듣고 나는 걱정했다. 우리 일행을 태운 '단동훼리' 호가 인천항을 출발하자 하늘은 파랗게 열리고 수평선 너머로 낙조落照의 신비한 광경을 보는 순간 나는 안도와 설렘으로 기분이 들떴다. 지루한 뱃길에서 하룻밤을 보내고, 다음 날 먼동이 틀무렵 선실밖으로 나와 보니 크고 작은 섬들이 주변에 나타나기 시작했다.

안내자가 저 멀리 보이는 바위산은 '코키리'섬, 그 옆의 '마한도' 행정구역은 평안북도 신도군으로 지도에는 '비단섬'이라고 설명했다. 여기에서 단동항이 얼마 남지 않았는지 새벽바다는 떼를 지어 출항하는 어선들로 장관을 이루었다.

오전 11시, 우리가 탄 배는 단동 서부에 있는 동항이라는 곳에 기항했다. 우리는 대기한 버스에 올라 시내로 들어가는 도중 들녘에는 모내기가 한창이다.

아직도 소와 인력에 의해 옛날식 영농하는 것을 보고 나는 안내자에게 "중국에는 이양기가 없느냐?"며 묻기도 했는데 "가격도 비쌀 뿐 아니라 인력이 남아돌아 구태여 비싼 기계를 사용할 필요가 없다."라고 대답했다. 단동시내가 가까워지자 우측으로 압록강 철교와 끊어진 철교斷橋가 보이고 강 건너 신의주는 숲에 가려 공장 굴뚝과 지붕만 일부 보였다.

우리가 숙박한 호텔은 압록강 철교를 바로 내려다보이며 옛 철로부지에 건립된 고급호텔이었다. 한 달 전, 용천역 폭파爆破사고로 구호품을 실은 화물트럭이 북한으로 들어가던 중·조우호교中·朝友好橋가 바로 앞이다.

중식 후 호산장성으로 가는 도중 오른쪽으로 위화도가 보였다. 한강의 여의도처럼 압록강 하구에 삼각주로 풀 속에 농가주택과 3층 연립주택이 보였다. 바로 저 섬에서 고려 말 원나라를 도와 명나라를 치려고 출병했던 이성계가 전쟁의 소위 4불가론을 주장하여 군사를 되돌리고, 끝내는 고려를 멸망 후 조선을 개국한 역사적인 현장이 저 섬이었구나 생각하니 마음이 숙연했다. 얼마동안 강줄기를 거슬러 올라가니 멀리 압록강을 향하여 높이 솟아 마치 호랑이가 웅크리고 있는 형상의 산을 안내자는 호산장성虎山長城이라 했다.

호산장성과 압록강 사이에 어적도 등 3개의 섬을 '삼강三江'이라고 한다. 그 중 가운데 섬에는 1712년에 세운 국경비가 있다고 하는데 북한지역으로 답사가 불가능했다. 단동으로 다시 돌아와 배를 타고 압록강 철교와 단교 밑을 도는데 북한의 어린이들이 물놀이를 하면서 우리를 바라보았다. 단동의 발전에 비하여 북한의 신의주는 낡은 공장처럼 우중충한 건물만 보여 이들 2개 도시가 하늘과 땅처럼 차별화되었다.

매일 건너편 단동을 바라보는 북한사람의 심정은 어떠할까! 끊어진 철교의 난간에는 압록강 철교의 준공역사와 폭파되기까지의 기록과 사진(준공 1905년 5월, 폭파 1950년 11월 8일 상오 9시부터 11시 14분, 미국의 B29기 100대에 의해 폭파)이 걸려 있고, 그 옆에는 '勿忘歷史. 永志和平'라는 글귀가 적혀 있었다.

6·25한국전쟁 당시 이 철교를 통하여 중공군이 북한을 도와 전쟁에 참여하였는데, 이제는 단동의 관광지로 각광을 받고 있다.

그날 저녁은 철교 주변의 평양식당에서 먹었다. 가슴에 김정일 휘장을 단 25세 전후로 보이는 여자종업원들이 우리를 반갑게 맞이했다. 새로 지은 쌀밥에 김치, 산나물 반찬이 구미에 맞아 추가주문을 하려는데 나는 북한 종업원을 어떻게 불러야 할지 몰라서 양해를 구했더니 '복무원동무'로 불러달라고 한다. 그들은 이번 답사에 함께 간 7명의 초등학생 중 눈이 크고 서글서글하게 생긴 학생을 대견한 듯 머리를 쓰다듬어 주면서 여행목적을 묻기도 했다. 종업원이 모두 평양에서 왔다고 하여 우리 일행 중 평양이 고향이라는 K교수가 그곳 사정을 물어보니 그들은 잘 모른다며 대답을 회피하는 눈치였다.

어린학생들은 비록 식사 중 짧은 시간이었지만 외국에서 누나를 만난 것처럼 금새 친숙해졌다. 그들 종업원들은 우리가 떠날 때 마지막으로 차에 오르는 학생들의 손을 잡아주기도 하고, 나도 그들의 친절한 작별인사에 이산가족처럼 서운하기도 했다.

저녁 7시경, 우리 일행은 조선민속놀이 전야제가 열리는 '단동문화예술관'으로 갔다. 그곳에는 한국에서 우리와 함께 동승했던 인천시 가무단원, 충청대학 태권도 팀, 부천청소년 무용단과 단동예술단원들이 무대에 올라 우리 민족의 전통민요, 춤사위, 사물놀이로 고국동포와 단동거주 조선족 사이에 따뜻한 동포로서의 우애와 화합의 무대가 되어 좌석을 꽉 메운 관객들로 열기가 뜨거웠다.

답사 이튿날

나는 아침 일찍 일어나서 압록강변을 산책하였다. 북한과 중국 단동이 압록강(폭 980m)을 사이에 두고 개방과 폐쇄, 발전과 낙후를 한눈으로 볼 수 있는 곳이었다.

강변은 몇 년 전만 해도 판잣집이 많고 불결한 곳이었으나 이를 철거 후 아름다운 가로공원으로 만들었다고 했다. 중국은 토지가 국유로 정부가 결정하기만 하면 언제든지 단기간에 해버릴 수 있는 사회주의 나라로 중국의 발전상을 보면서 나는 일말의 두려움까지 느꼈다. 현대적인 조각상과 코끼리, 사슴 등 조형물이 동서東西 2km 압록강변으로 장식해 놓았다. 아침운동을 나온 사람들도 천태만상이었다. 제기차기, 쿵후, 생활체조, 어떤 팀은 한국의 '릴리리맘보' 가락에 부녀자들의 춤사위는 우리나라에서도 좀처럼 보기드믄 진풍경이었다.

압록강변의 국경비와 수풍댐으로

다음 날 아침 우리 일행은 압록강 물길을 거슬러 위로 가서 '고루지'란 마을 앞 압록강 국경표지가 있는 강변으로 갔다. 비석에는 남쪽으로 조선, 북쪽은 중국으로 '1992년 세움'이라고 표기하였는데 최초에 세운 기록이 없어 아쉬웠다. 계속 위로 올라가니 '태평양'댐이 보였다. 이 댐은 1987년 중국정부가 단독으로 건설했다고 하는데 일반적으로 수력댐은 협곡에 있는데 이 댐(총길이 1,180m, 수문 28개, 발전기 4대, 전기생산 200kw)은 수력발전소로 주변에 유람선 숙박시설을 갖춘 관광지역이었다. 일행은 선착장 부근에서 중식을 마치고 댐 건너편 북한지역까지 건너갔다.

그곳은 철책으로 가려져 북한 군인이 초소에서 우리를 내려다보고 있었다. 수풍댐으로 가는 길은 갈수록 도로폭이 좁아지기 시작했다. 비포장도로로 우리가 탄 버스는 요동搖動이 심했다. 수풍댐은 북한에서 관리하기 때문에 중국정부는 이곳에 신경을 기울이지 않는 모양이었다. 약 한 시간 올라가니 옆에 철길이 나타났다.

오랫동안 철로를 사용하지 않아 잡초만 무성하고 압록강을 건너는 철교도 그대로 남아있었다. 안내표지판을 보니 만주 관순지방과 평안북도 삭주로 이어진 철교였다.

일제강점기에 일본이 삭주지방의 금광을 채광하여 만주로 운반하기 위한 철교였다고 한다. 건너편 북한의 산은 거의 정상까지 화전火田을 일구어 북한의 식량사정이 심각하다는 것을 짐작할 수 있었다. 계속 압록강 상류의 협곡을 끼고 올라가는데 검은 구름이 갑자기 하늘을 뒤덮어 금시라도 비가 올 것만 같았다. 그때 주변의 공장 연기가 자욱한 골짜기 옆으로 수풍댐이 보였다.

수풍수력발전소는(높이 106m, 담수량 116억톤, 발전기 7대, 생산량 70만kw) 1937년 착공, 1941년 준공되었는데 그 당시는 동양에서 가장 규모가 큰 수력발전소였으나 지금은 시설이 노후하여 발전기 4대(40만kw)만 가동한다고 했다.

댐은 북한지역으로 더 이상 상류로 올라가지 못하고, 우리 일행은 고구려 첫 도읍지 '환인'으로 가기위해 노령산맥의 높은 고개 두 곳을 넘는데 무려 4시간이 걸렸다.

오후 7시가 넘어 멀리 '오녀산성'이 시야에 들어왔다. 산 능선자락에는 마치 흰눈이 나부끼는 듯 아카시아 꽃이 강물에 비치어 '혼강'은 언제보아도 깨끗하기만 했다.

고구려 시조 주몽은 부여에서 홀로 남하하여 이곳 한인에 도읍을 정했다고 한다.

오녀산성五女山城의 이름은 무예武藝에 능한 5명의 여성들이 적군 500명 이상을 물리쳤다는 한인지방의 전설에서 연유한다고 했다. 아침 일찍 호텔에서 마련한 승합차 2대로 중국의 안내원과 더

불어 아침 안개가 미처 걷히지 않은 산성으로 오르는 길 옆에는 소나무가 많아 산세가 수려하게 보였다.

입구의 '천장문'을 들어설 때 이곳을 세계문화유산에 등록하고자 산성주변 편의시설을 정비하느라고 공사 중 외부인의 출입을 금지했다는데 그 날 다시 개방하여 우리가 첫 번째 손님이라고 인사를 하니 기분이 좋았다. 정상으로 올라가는 가파른 곳에 대석臺石과 판석板石으로 계단을 설치하고 경사가 심한 곳은 계단 양옆으로 활 모양의 보조補助 길을 별도로 만들어 놓은 것이 마음에 들었다.

나는 제일 먼저 정상으로 올라서 아래를 내려다보았다. 그날은 비가 온 후여서 환인도시가 구름바다로 마치 천상에 올라선 신선처럼 느껴져 상쾌하였다.

오녀산성(해발 804m) 내에는 좀처럼 마르지 않은 우물과 양식창고, 대형 건물지, 돌을 운반할 때 사용한 도구, 연자방아 등이 전시되고, 남쪽의 절벽 위에 세워진 점장대(點將臺)는 '환인시가지'와 원·근의 경치를 조망할 수 있도록 의자와 공중전화, 편의시설을 갖추어 놓았다. 유적을 안내하는 중국 측 안내자는 산성과 유적들이 모두가 청나라 병사가 주둔했던 산성으로 설명하는데 우리 일행은 할 말을 잃고 말았다.

이 성은 고대 고구려가 최초로 건국한 졸본의 '오녀산성'이라는 사실 그대로 설명했더라면 얼마나 좋았을까. 북쪽 바위 옆 소나무에는 '비래봉飛來峰' '운해송청雲海松淸' '癸未 秋'라는 목판이 설치되어 나의 이목을 끌었다.

환인에서 요양 백탑白塔까지 거리가 멀기 때문에 우리들은 오녀산성에서 시간을 더 이상 지체할 수 없었다. 다시 왔던 길로 내려와서 환인발전소와 담수댐을 지나 본계시와 무순에서 잠시 쉬었다. 함께 갔던 회원들은 이처럼 넓은 만주벌을 처음 본다면서 "이렇게 논과 밭이 넓으니까 중국산 곡물이 엄청나겠군요. 우리 농촌이 앞으로 걱정스럽네요."라며 근심어린 얼굴표정을 짓는 일행도 있었다. 거의가 '만주벌'이 이처럼 넓은 줄을 몰랐다고 하면서 연신 창밖으로 시선을 돌리기도 했다.

'요양시'로 가는 버스에서 중국의 시장풍경을 볼 수 있었다. 도로 옆으로 즐비한 시장풍경이 모두들 신기한 듯 어른들은 우리의 5일장이 그리워진다며 정겨운 듯 바라보았다. 그날따라 마을에 행사가 많아서 도로에는 이어달리기를 하는 학생들의 모습과 응원하는 부모들의 환성으로 이채로운 현상을 곳곳에서 볼 수 있었다. 오랫동안 버스를 타고가면서도 도로 여정이 그렇게 지루하지만은 않았다. 고속도로를 얼마동안 달리다보니 멀리 심양공항의 관제탑이 보였다.

우리는 오후 30분경 섬유공업도시로 유명한 요양시에 도착했다. 시내 중심가를 들어서자 우측으로 백탑이 보였다. 가깝게 가보니 탑은 거대한 사찰 경내에 있었다.

이 탑은 요나라 때 세운 '전승기념탑'으로 중국 6대 탑의 하나라고 했다. 자연석으로 쌓은 2층계단 위에 전돌을 8각형으로 쌓고, 그 위의 대리석에 석가여래 등 보살상이 부조되어 불교중흥기에 건립한 것으로 추정되었다.

우리는 그곳에서 중식을 마치고 해성시 동남 편에 위치한 안시성安市城으로 향했다. 중국에서는 안시성을 '영정자성'으로 표기하고 있으며 아직도 외부인의 출입을 통제하고 있었다. 국도에서 멀지 않은 마을입구 공회당(위생소) 마당에 버스를 정차 후 일행은 안시성지를 찾아 한동안 산모퉁이로 올라가니 화강석에 '英城子城址'(市급文化財 1964년 5월 공포) 안내표 지석이 있었다.

옆에 '출입出入사절' 표지판이 있었지만 오래 되어 겨우 알아볼 정도로 마멸되어 있었다. 이때 감시원으로 보이는 청년이 핸드폰으로 연실 어디로 전화를 걸면서 우리를 따랐다.

잠시 후 그는 우리를 더 이상 가지 못하도록 제지했다. 이쯤 와서 안시성을 직접 답사하지 못하고 돌아가자니 너무나 아쉬워 그냥 올라가는데 감시원은 "출입이 금지된 곳에 들어왔으니 상급부서에서 연락이 올 때까지 대기하라."고 했다.

그런 중 동네사람들이 한두 명 씩 모여들기 시작했다. 우리 안내자는 그 중 마을이장으로 보이는 노인에게 사정을 해보았지만, 그 역시 출입금지 경고를 무시하고 왜 들어왔느냐며 우리 일행을 보고 야속하다는 표정을 지었다. 우리는 약 2시간 넘도록 그들과 실랑이를 했지만 제지를 당하고 각서까지 제출하고 발길을 돌리면서 이런 생각을 했다.

'역사는 사실 그대로 기록하고 알리는 것이 역사가 아닌가!'

그들의 임금(당태종: 이세민)이 이 성 전투에서 한 눈을 잃고 패망하여 수치를 당한 역사의 현장을 보여주지 않는 것은 잘못된 생각이다. 우리나라 서울의 삼전도에는 인조대왕이 청나라 태종에 항복한 치욕의 유물이지만 그 자리를 보전하고 그때 세운 비도 보호하고 있지 않는가.

봉황산과 고려문지

우리 일행은 단동으로 돌아오는 귀국길에 봉황산과 고려문지를 찾아갔다.

봉황산鳳凰山은 산세가 빼어나서 박지원은 열하일기熱河日記에서 서울 삼각산, 강원도 설악산, 호남 월출산과 비견할 정도로 수려한 명산으로 극찬하였는데 가깝게 가보니 봉황산은 암벽과 소나무가 많은, 그저 아름다운 산이었다. 우리나라 산맥이 백두산에서 지류가 두 갈래로 갈려져 한 줄기는 한반도로, 다른 하나의 줄기는 고구려 두 번째 도읍지인 집안시의 북쪽 노령산맥을 지나 봉황산에 이르러 멈추었다.

봉황산에서 가장 높은 봉(836m)과 이어진 협곡의 요새에는 아치형 2층 성문과 누각이 잘 보전되어 있었다. 봉황산에는 고구려 성곽이 아직도 일부 남아있다고 했으나 우리 일행은 시간이 없어 그곳에 올라가지 못하고 하산하면서 조만간 등산을 겸하여 다시 오고 싶었다. 산 입구 공원에 세운 봉황탑 위에는 비상(飛上)하려는 봉황새가 조각되어 있었다.

단동으로 돌아오면서 우리는 고려인들이 청나라를 오고가면서 변방에 물물교환으로 성시盛市를 이루었다는 교역 터와 변군마을을 답사했다. 그런데 고려인들이 집단 거주한 고려문지를 찾으려 하였으나 주변이 많이 변하여 확인할 수 없어 아쉬움이 많았다. 가

이드는 "귀국하려면 배타는 시간이 얼마 남지 않았다."고 재촉하므로 다음에 또 한 번 답사를 기약하면서 우리의 버스는 '단동항'으로 급히 달렸다.

이번 요령지방 옛 고구려지역을 답사하면서 고구려인들이 대륙을 향하여 부단히 영토를 넓히려고 했던 역사적 사실들을 도처에서 찾아볼 수 있었다.

지금은 남의 땅, 묻혀버린 고구려인의 기상은 내 스스로 역사에 대한 새로운 인식의 전환과 자성自省하는 계기가 되었다.

압록강과 두만강 주변의 북한 생활모습

잊었거나 잃었던 핏줄을 되찾는 것보다 감동적인 일은 드물 것이다.

1992년 한·중수교가 되면서 언제라도 가보고 싶은 압록강과 두만강은 우리에게 꿈에도 잊지 못할 그리운 강이다. 이 강을 경계로 만주지방은 옛 고조선을 비롯하여 고구려와 발해의 영토로 한국의 고대사를 연구하는데 역사적인 땅이다.

특히 동북삼성(길림성 : 지린성, 흑룡강성 : 헤이룽장성, 요녕성 : 라오닝성)에 있는 조선족은 전 세계에 흩어져 살고 있는 700만 동포 중 최대의 혈족집단이다. 우리 민족의 이주역사를 연구하고 우리에게 경제·문화적으로도 매우 중요한 곳이기에 역사를 배우고 우리의 전통문화를 연구하는 필자筆者는 그곳을 수차 답사하였다.

◎ 조선족 단오절행사 참가

단동丹東(옛, 安東)은 압록강 하구의 신의주와 마주 건너다 보이는 도시로 해마다 오월단오절을 즈음하여 조선족이 모여 단오절축제가 벌어진다. 단동시의 북쪽 금강錦江공원은 단동시가지와 멀리 신의주 위화도를 부감俯瞰하여 볼 수 있는 경치가 빼어난 곳이다. 압록강(790km)유역에는 크고 작은 205개의 섬(발톱)이 있는데, 1962년 朝·中邊境조약에 따라 중국 78, 북한이 127개로 북한 영역이 더 많다. 그리고 압록강 하구의 큰 섬(위화도, 비단섬, 황금평)도 북한의 영역에 속한다.

◎ 압록강 단교斷橋와 압록강鴨綠江철교

1950년 11월 8~14일 중공군 개입을 저지하기 위해 미군기의 폭격으로 끊어진 철교는 현재는 항미抗美 전시장으로 이용하여 당시에 투하된 폭탄 모형과 '勿忘歷史 永志平和' 글귀가 기록되어 있으며, 단동의 주요관광지로 개방하고 있다.

상류에 놓인 조·중우호교朝·中友好橋는 기차, 자동차, 사람이 왕래할 수 있는 철교로 현재 중국과 북한 간의 수출입이 가장 많이 교역되는 교량橋梁이다.

압록강변 단동시는 고층건물로 숲을 이루는데 반하여 강변에서 바라보이는 건너편 신의주는 여기저기 공장굴뚝이 서 있을 뿐 나무숲으로 가려져 침묵의 도시처럼 느껴진다. 위화도(12.27km²)는 고려 말 좌·우도통사 이성계와 조민수 등 이 명나라를 치러가다 '4대불가론'을 이유로 회군回軍함으로써 우리 역사상 만주 일대 땅을 영원히 잃어버린, 아쉬움을 떨쳐 버릴 수 없는 섬으로 지금도 미개발된 채, 아파트형 주택이 여기저기 보이며 최근 관광객을 의식하여 3~5층 규모의 붉은색 연립주택이 상류에 건립되어 있다.

◎ 호산장성虎山長城과 구련성지九連城址

압록강을 따라 버스로 약 40분 올라가면 북쪽에 봉성시에서 흐르는 애강愛江을 건너면 바로 건너편에 구련성과 호산虎山장 성지가 있다.

이 성은 고구려 박작성 장군이 쌓은 산성으로 중국은 만리장성을 연장하여 축성 후 이 지역을 만리장성의 동단 기점이라 하는데 동단東端에 박물관을 개설하여 관광객을 유치하고 있다. 호산장성 밑에 흐르는 '어족도' 등 삼강(세 줄기 강)은 북한영역으로 북한군 동초가 보이고, 멀리 임진왜란 때 의주로 몽진한 선조 임금이 머물던 통군정統軍亭이 아스라이 눈에 들어온다.

압록강을 거슬러 올라가면 태평만댐, 수풍댐, 위원댐, 운봉댐 등 4개의 수력발전소가 있는데 북한·중국 공동으로 1955년 '압록강수력발전회사'를 창립한 이래 1987년까지 총발전량은 1,470kw/h에 달한다고 한다.

◎ 태평만太平灣댐과 발전소

단동일대의 전력공급과 관광특구개발을 위해 협곡이 아닌 강폭(1,158m)이 넓은 곳에 설치한 댐이며, 중국정부가 단독으로 건설했다.

전력은 13.5만km/h를 생산하고 있단다. 이 댐을 건너 북한 땅으로 들어가서 건너편 중국지역을 바라볼 수 있는 유일한 곳이다.

◎ **70년 동안 방치하고 있는 철교**(삭주~관순)

일제가 평안북도 삭주 금광을 채굴하여 만주를 경유 일본으로 운송하기 위해 놓은 철교다. 분단 60년이 넘도록 아직도 레일이 풀섶에 묻힌 채 철교가 흉물처럼 그 자리에 남아있다. 우리나라는 철광석이 모자라서 외국에서 막대한 양을 수입하여 포항, 광양제철소에서 제련을 하는데, 북한은 철광석 매장량이 풍부하여 고철은 활용하지 않는 것 같다.

◎ **동양 최대의 수풍**水豊**댐 발전소**

협곡의 콘크리트댐은 1937~1944년 축조된 동양에서 규모가 큰 수력발전소로 높이 106m, 길이 889m, 준공 당시의 발전량이 64만kw/h였다고 한다.

6·25사변 전까지만 해도 서울까지 전력을 공급했다고 한다. 그러나 현재는 시설이 노후하여 발전량은 20만kw/h란다. 수풍댐 주변에는 일제강점기에 건설된 공장이 많아 공장굴뚝에서 솟아오르는 연기로 강안江岸이 마치 안개처럼 시야를 흐리게 한다.

수풍댐은 북한이 관리하므로 댐 상류에 위원댐발전소가 있고, 더 이상 올라갈 수 없어 환인桓仁으로 가서 고구려 오녀성(졸본성)을 답사하고 국내 성터가 있는 집안集安을 경유하여 다시 압록강 하류로 내려갔다.

◎ **위원**渭原**댐 발전소**

집안시에서 압록강을 따라 약 4km 내려가면 선착장이 있는데 2

시간용 선박을 임차하면 위원댐까지 갈 수 있다. 이 댐은 1976년에 착공하여 1990년에 완공하였다고 한다. 발전능력 39만kw/h로 전기는 북한과 중국이 각각 50%씩 사용하고, 관리는 북한이 맡고 있다. 위원댐 아랫쪽으로 새롭게 조성된 신위원의 북한 마을은 깨끗하고 정비되어 보였으나 그리 큰 도시는 아니었다.

◎ **만포진**滿浦津

6·25한국전쟁 때 이곳에서 김일성은 소련외상과 비밀회담을 했던 여군숙소가 보인다. 이 회담에서 군수물자는 소련이, 병력은 중국으로 하여금 전쟁에 개입토록 중재했으며, 그로부터 동북3성에 살고 있는 조선족 1만여 명이 인민군으로 참여하여 귀중한 목숨을 잃었다고 한다. 만포진 철교는 하루에 기차가 2회 왕복하여 갓길 인도가 형성되어 다리 중간지점까지 갈 수 있다.

◎ **운봉발전소**雲峰發電所

함경남도(현, 자강도 자성군 운봉노동지구)에 있는 댐식 수력발전소다.

시설용량은 40만kw/h로 1970년 건설된 댐이며, 중국과 50%씩 전력을 나누어 공급하고 있단다. 댐 하류에 백두산의 목재를 이용한 '원목양육사업소'가 있으며 제재공장과 톱밥을 원료로 하는 생활필수품 공장이 있다.

◎ **혜산**惠山**시**

통화에서 버스를 갈아타고 약 7~8시간 걸려 장백으로 가는 길은 지루했다. 협곡을 빠져 나와서 얼마 안 되어 뗏목이 강을 타고 내려왔다. 백두산 줄기가 이곳에서 멈추는 듯 멀리 장백산 줄기가 보인다.

6·25 때 인천상륙에 힘을 입어 다시 북진하여 우리 국군이 혜산에서 압록강 물을 마시던 그곳을 끝내 사수死守하지 못하고 후퇴했던 당시의 전황을 사진으로 접할 때마다 아쉬움이 많은 곳이다. 혜산의 도시는 압록강 상류로 강폭이 불과 100m도 안되고, 장백시는 새 아파트가 말끔하게 단장되어 날로 발전되어 가는 모습이다. 건너편 혜산시는 압록강을 따라 길게 형성된 도시로 인구가 북한에서 네 번째라고 한다.

이곳을 거쳐 삼지연으로 북한의 수뇌부들이 이곳을 거쳐 가는 중점도시가 되어 강변 산 위에는 김일성 탑이 건설되어 위용을 자랑한다.

◎ 백두산과 장백폭포

압록강의 발원지는 백두산천지이나 장백폭포의 물줄기는 북으로 흘러 흑룡강으로 들어가기 때문에 두만강 발원지가 아니다. 백두산 청석봉 코스(서파산문)를 이용하여 정상에 오르면 '제5호 국경비'가 보인다. 백두산에서 최고봉(2,750m)인 장군봉은 북한 영역으로 가볼 수가 없는 곳이지만 남파정상에서 보면 지호지간의 거리다.

□ 두만강 칠백 리

◎ 방천(防川)공원 전망대에서

이곳은 두만강 하구 중국·러시아·북한 삼국의 경계에 있다.

러·일전쟁 때 일본군을 대량 희생시킨 '봉고산 승전비'가 세워져 있다.

멀리 두만강 입구에는 이순신 장군이 원균의 부하로 활약했던 녹둔도鹿屯島가 아스라이 눈에 들어온다. 부근에는 함경도 나진 선봉지구가 가까워 이정표가 있고, 석탄과 화물을 실은 트럭이 북한 지역으로 넘어간다.

두만강 철교는 조선과 소련을 잇는 국경철교로서 압록강鴨綠江 철교와 두만강 철교만이 북한으로 이어진 철교인데 두만강 철교는 기차가 운행하는 것이 별로 눈에 띄지 않는다. 훈춘으로 들어오는 2차선 도로에는 중국정부가 대단위 관광 특구를 조성하고 있으므로 공사용 트럭으로 붐볐다.

그곳에서 바라보이는 두만강은 날씨가 쾌청하여 노래가사처럼 푸른색 강물로 김정구의 「눈물 젖은 두만강」 노래가 절로 흘러나온다.

◎ 도문圖們~북한 남양시

이곳은 우리나라 지도상 최북단에 위치한다.

북한탈북자가 이곳을 거쳐 중국으로 가장 많이 넘어오기 때문에 최근 강안江岸경비가 예사롭지 않다. 중국에서 남양으로 들어가는 출입국사무소가 새로 지어져 국경을 실감케 한다. 여기에 '두만강 칠백리' 표지가 서 있는데 이곳을 가장 많이 찾는 한국인의 정서를 고려하여 세웠다고 한다. 그곳에는 '김정구노래비'도 세워져 있었다. 나는 그곳에서 「눈물 젖은 두만강」 노래 가사가 지어진 애틋한 사연의 구술 자료를 얻었다.

1920년대 독립운동을 빌미로 집을 나간 남편 문창학을 찾아 그의 아내는 10년 가까이 헤매다 우연히 하룻밤을 보내기 위해 한 여관을 찾아들었다. 여관집 주인은 그녀의 남편 문창학이 1921년 훈춘에서 일경에 잡혀 서대문형무소에서 사형이 집행되었다고 전해준다.

남편을 찾아 오매불망 10여 년간 북간도 지역을 헤매던 그의 부인 김종선은 그 순간 비보를 듣고 오열했다. 그런 사연을 알게 된 극단 '예원좌' 이시우 작곡가는 「눈물 젖은 두만강」을 작곡하여 19세 소녀 가수 장월성에게 주어 최초로 부르게 했다. 이 노래는 조국을 떠나 간도지방에서 살아가는 동포들의 심금을 울렸다. 그 후 이시우는 서울에 와서 이 곡을 인기 가수 김정구(OK레코드사)에게 주어 부르게 했다고 한다.

◎도문에서~개산투안

두만강을 거슬러 올라가다 보면 건너편에 종성(鍾城)시가 눈에 들어온다. 개산투안은 함경도에서 용정으로 가는 옛날 중요한 국경의 철교鐵橋였으나 현재는 자동차만 다니는 교량으로, 이곳 초소에 가보면 북한출신 중국인들이 고향으로 상업을 하러 들어가는 사람을 만날 볼 수 있다.

그 다리 건너면 섬에는 '간도'라고 쓰인 표지돌이 있지만, 2000년 초 중국정부에서 폭파해 버려 지금은 없다고 한다.

◎ **회령**(會寧)**시**

용정에서 삼합을 거쳐 회령으로 가는 길은 협소하다. 그러나 중국관광객을 실은 버스와 화물차의 왕래가 가끔 보인다.

삼합에는 금나라를 건국한 누루하치의 전설이 있는 삼합굴이 있다.

◎ **동양 최대의 매장량을 자랑하는 무산**(茂山) **철광산 도시**

용정에서 화룡과 신흥을 거쳐 두만강에 도착하면 무산시가 한눈에 내려다 보인다. 부근 철광을 채굴하여 흘려보내는 오수汚水로 두만강은 뿌연 폐수로 변해 버렸다.

무산시는 도시 전체가 기와집으로 일제가 물려준 해방 전 가옥을 그대로 보존하고 있어서 '전통건조물(傳統建造物) 도시'로 보존될 가치가 있어 보였다.

중국 땅에서 보는 두만강 상류는 지형이 낮아 두만강 발원지까지 가면서 북한의 실상을 바라보기가 좋은 지역이지만, 거의 산으로 북한의 농촌마을을 보기가 어렵다. 두만강(길이 521km) 상류로는 더 이상 갈 수 없는 숭선崇善교와 경평境坪에서 발길을 멈춘다.

□ 연변지방의 아리랑 가사

최근 중국정부가 우리의 아리랑을 무형문화재로 등록시켜 화제가 되고 있다.

1999년부터 수차에 걸쳐 연변에서 개최되는 조선족 민요경창

대회와 그곳 축제에 참석한 경험으로 볼 때, 필자로서는 아리랑은 우리보다 오리려 연변에서 더 많이 부른다. 그 이유는 고향을 떠나 두만강을 건너 북간도를 개척한 우리 민족의 한이 서린 망향의 노래로 어느 축제에서나, 심지어 결혼식장에서도 자주 불려진다. 지역마다 그 옛날 떠나온 고향에 대한 그리움을 담긴 아리랑 가사는 그곳이 아니면 오직 들을 수 없는 슬픈 사연이 담겨 있다.

여기, 연변에서 부르는 대표적 아리랑 가사 몇 수를 소개한다.

〈경상도아리랑〉

-아리랑 아리랑 아라리오 아리랑 고개로 나를 넘겨주소-
울릉도 담 넘어 님 숨겨놓고 산들산들 호박입만 날 반겨주네
이 땅을 스워 안고 울면서 살던 두만강 여울 따라 말 물어보자.

〈충청도아리랑〉

-아리랑 아리랑 아라리오 아리랑 고개로 나를 넘겨주소-
아리랑 타령을 그 누가 냈나, 이웃집 김 도령 내가 냈네.

아리랑 타령이 얼마나 좋은 지 밥푸다 말고서 엉덩이 춤춘다.
아리랑 말년에 왜 난리나고 갑오년 이후로 왜동 물치마
홍두깨 방망이 팔자가 좋아 큰 애기 손길로만 다 놀아난다.

〈영천아리랑〉

-아리랑 아리랑 아라리오 아리랑 고개로 나를 넘겨주소-
아주까리 동백아 더 많이 열려라 산골 집 큰 애기 신명이 난다

저 건너 앞산에 성화가 낳고요 부모님을 모시고 잘 살아보잔다.
아리랑인가 스리랑인가 영천인가 아리랑고개로 날 넘겨주소
참외나 수박은 단맛에 먹고요 딸기나 살구는 신맛에 먹는다.

400년 전, 조선통신사의 뱃길을 가다

몇 해 전 대마도를 다녀온 적이 있었다.

그때 나는 우연히 대마도 이즈하라 시내 주요가로변에서 조선통신사가 지났던 표지석標識石을 본 일이 있었다. 역사를 공부하는 나로서는 언젠가 조선통신사가 다녔던 그 길을 한 번 답사하고 싶었는데 기회가 없어 차일피일 미루어 왔다. 그런데 마침 나와 오랫동안 서울역사문화연구에 뜻을 같이하는 박경룡 회장(서울역사포럼)이 '조선통신사 400주년 일본답사 프로그램'을 마련하여 동참하게 되었다.

올해는 장마가 지났다고 하지만 7월 하순부터 출발 하루 전까지 쾌청한 날이 거의 없이 비가 내려서 일기예보에 신경을 쓰지 않으면 안 되었다. 더욱이 일본열도는 사상 유례類例없는 폭염暴炎이라는 뉴스를 듣고 다소 걱정스러웠다.

답사 첫날(8월 18~19일)

출발 당일은 오랜만에 아침부터 날씨가 청명하여 기분이 무척 좋았다.

우리는 압구정 현대백화점 주차장에 대기한 버스에 올라, 오후 2시에 부산여객선 터미널에 도착하니, 일행(21명)의 이번 답사를 안내할 이정우 씨가 기다리고 있었다. 터미널은 일본으로 수학여행을 떠나는 초등학교와 중학교 학생들로 매우 혼잡했다. 오후 4시, 우리를 태운 'PanStar Cruise Ferry호(26,870톤)'는 목적지 오사카항을 향하여 부산항을 떠났다. 대한해협과 기나긴 일본 내륙 해海를 통과하는 18시간의 지루한 뱃길이었지만, 이번 여정에 순탄함을 예고라도 하듯이 예상외로 날씨가 좋아 이튿날 오전 10시, 오사까(大阪) 남항에 무사히 도착했다.

우리는 남항 근처에서 점심을 마친 후, 대기한 버스로 두 명의 조선통신사 위패位牌를 모신 치우센지(竹林寺)를 방문했다. 이 절의 주지住持는 우리를 '21세기 조선통신사'라고 추켜 세우면서 반갑게 맞이해 주었다.

그는 우리에게 본당 아미타불 앞에 모셔진 최천중·김한종 통신사와 이 절의 역사에 대하여 자세하게 설명해 주었다. 그 중 최천중 통신사는 대마도 통역관 스스키덴쇼(鈴木博藏)에게 척살刺殺당했고, 김한종 통신사는 일본에서 발병發病하여 본국에 돌아가지 못하고 이곳에서 사망했다고 한다. 그는 죽기 전 고국故國에 두고 온 아들형제의 얼굴을 보고 싶다며 너무나 애원하는 바람에 측은하게 생각되어 그곳에서 아들과 같은 또래의 어린이를 병실로 데려오자 22세에 젊은 나이로 눈을 감았다고 했다. 본당 뒤에는 최천종 묘비가 있어 그의 후손들이 가끔 찾아오지만, 김한종은 후손도 없는지 찾는 이도 없다고 했다. 여기에 1764년 조선통신사 김한종이 죽림사竹林寺에 남긴 시를 소개한다.

今春倭國客 올봄은 일본의 손님이지만,
去年朝中人 지난해는 조선의 사람이었네
浮世河會定 뜬 구름 같은 세상에 어찌 다시 만날 것을 기약할 것인가
可歸古池春 돌아가 옛 땅의 봄을 느낄 수 있을 것인가

나는 이 시詩를 대하는 순간 그는 이미 고국에 돌아갈 수 없는 자신의 처지를 알고 병약한 상태에서 쓴 시로 느껴졌다. 그가 처한 입장을 그려보면서, 나는 숙연한 마음으로 두 분을 위해 머리 숙여 합장合掌했다.

다음에 오사까(大阪)에서 그 당시 가장 큰절로 조선통신사가 숙박宿泊했던 니시혼간지(西本願寺)로 갔다. 그러나 옛날의 건물이 불타서 그 자리에 새로 건축한 콘크리트건물인 절에는 통신사유품이나 역사의 흔적은 찾아볼 수 없었다.

우리 일행은 오사가 역사박물관(大阪歷史博物館)으로 갔다. 이 박물관에는 재일교포 신기수(辛基秀, 1931~2002)가 기증寄贈한 조선통신사에 대한 화려했던 행렬도와 많은 자료가 소장되어 최근에 특별전시회도 마련했다고 한다. 우리는 박물관에 진열된 많은 전시물을 관람 후, 조선통신사가 타고 온 배가 정박碇泊했던 나니와 미야(難波宮)다리를 건너 다음 행선지인 교토(京都)로 향했다.

둘째 날(8월 20일)

우리가 숙박한 호텔은 이조성二条城 앞에 위치해 이튿날 아침 일찍 일어나서 산책삼아 성城 주변을 돌았다. 오전午前에 찾아간 곳은 쇼코구지(相國寺)였다.

'상국사 자조원慈照院'에는 쇼토쿠(正德, 1711~1716) 때의 정사 조태억과 지쇼인후 석학승과의 시, 문구 등이 현존되어 당시의 우정교감이 두터웠음을 알게 하였다. 그러나 당일 관람계획이었던 고려미술관은 월요휴관으로 관람을 못하고, 그 대신 도쿄의 대표적인 관광명소 기오미스데라(淸水寺)를 비롯하여 일본 전통가옥들과 금각사金閣寺 등을 돌아보고 '시가현 오우미치만'으로 이동했다.

셋째 날(8월 21일)

우리는 기후현岐阜縣 '히고네성(彦根城)' 근처에 있는 쇼안지(宗安寺)를 찾아갔다. 이 절은 원래 이곳 번주藩主였던 이이나오마사(井伊直政) 부인의 보제사菩提寺였는데 정원을 아름답게 꾸며놓았다.

이 절에서 3명(정사·부사·종사관)의 사신使臣이 머물렀고, 수행자들은 근처 절에서 기숙했다고 한다. 절에서는 육식肉食을 금지하여 고기와 술을 산문山門으로 들어오는 것을 막기 위해 정문正門 옆에 흑문黑門이라는 별도의 문을 통하여 닭, 돼지고기 등을 들여왔다고 했다. 여기에는 두 마리의 새가 장식된 홍포紅布를 입은 조선고관초상화朝鮮高官肖像畵가 있는데 주인공이 누구인지 알 수가 없다.

다음에 조선통신사가 숙박했던 젠쇼지(全昌寺)로 갔다. 지금은 원형을 찾아보기 힘들지만 벽에 걸려있는 회화繪畵를 보니 조선통신사를 맞이하던 당시의 절은 인근에 하천과 많은 전각들로 그 당시 통신사가 숙박한 큰 규모의 절이었음을 실감케 해준다.

오후에 '오가기 히고네(彦根)성과 박물관을 비롯하여 그 옆에 있는 일본 전통정원을 관람했다. 마침 박물관에서는 국보 히고네성 축성400주년과 다인茶人 이이나오스게정(井伊直弼)기념 특별전을 하고 있었다. 이이나오스게는 일본을 개화시키는데 공로가 큰 인물로서 경내에는 그의 동상銅像이 세워져 있었다.

일행은 다음 행선지인 이치노미야시로 가기 위해 이부게산(1,320m)을 넘어 넓은 평야지대를 지나면서 세 개의 강을 만났다. 안내자에 의하면 강 이름이 이비강, 나라강, 미노오기강이라 하는데 마지막 노비대교濃尾大橋는 조선통신사가 건넜던 배다리 유적지라고 했다. 그 당시 조선통신사가 건너가기 위해 여러 척의 목선木船을 묶어 주교舟橋를 만들었는데, 조선통신사의 화려한 행렬과 외국 문물의 호기심에서 구경나온 사람들로 인산인해人山人海를 이루었다고 했다.

나는 문득 1795년 정조대왕의 화성으로 행차할 때 한강에 설치했던 배다리를 연상聯想했는데 배다리 조형기술도 이곳에서 도래渡來된 것은 아니었을까싶기도 했다.

강폭이 거의 한강과 비견比肩되는 노비대교를 건너서 일행은 차에서 내려 한동안 400년 전 조선통신사들이 건넜던 그 때의 배다리를 회고懷古하면서 한동안 제방 둑을 거닐었다.

넷째 날 (8월 22일)

날이 저물어 우리는 아이지현(愛知縣)의 섬유공업지대인 율동栗東을 지나 나고야(名古屋) 시로 향했다. 나고야 시는 1980년도 서울과 '88올림픽' 유치경쟁을 했을 때, 환경보호단체들의 극열한 반대로 탈락脫落해 서울과 인연이 있는 도시다.

주변에 도요다 자동차공장이 자리 잡고 있으며 근래近來 중부공항이 개설되는 등, 옛날보다 많이 발전된 것 같았다.

이번 답사의 마지막 숙박宿泊지였던 웨스턴호텔은 나고야성이 보이는 곳에 위치해 있었다. 그날은 귀국준비 외에 별도의 스케줄이 없어 출발시간을 늦추었기 때문에 우리는 아침 일찍 일어나 성 주위를 산책하였으며 일부는 나고야신궁까지 갔다 온 사람도 있었다.

일행은 오사카항으로 가는 길에 비파호琵琶湖가 내려다 보이는 다가휴게소多賀休憩所에서 중식한 후 처음 도착지였던 오사까 남항에서 귀국선에 올랐다. 이번 답사는 일본 내 조선통신사가 다녔던 일부 지역만을 국한國漢하여 실시하였다.

답사결과 막부幕府시대 각 지방 번藩들의 책임責任하에 많은 절에서 협조하여 비교적 학식이 높은 일본의 학승들과 대좌對坐하면서 학문과 문화예술을 전파시켰음을 알 수 있었다. 조선통신사는 문화예술사절단으로 일본을 개화시키는데 끼친 영향은 대단하였음을 알 수 있었다.

당초 계획한 조선통신사 자료가 많은 고려미술관과 일부 향토자료실이 휴관休館으로 관람하지 못해 아쉽지만, 이번 답사가 폭염에 5박6일 동안 어려운 여정旅程이었는데도 한 분도 낙오자가 없이 건강한 모습으로 돌아오게 되어 기쁘게 생각하며 함께 참여하신 여러분께도 감사를 드린다.

섬나라 오키나와

나는 서울시에 재직하면서 일본의 발전된 수도시설을 서울상수도에 반영하고자 수차례 일본을 왕래한 경험이 있어 퇴직 후 오사카에 있는 수도회사(주, 고멩)의 서울사무소에서 고문으로 한동안 일했다. 업무상 월 1~2회 일본으로 출장을 가야 되고 일본어가 필요한데 익숙하지 못하여 동경의 서울사무소 동료들의 도움을 받았지만 계속 그럴 수도 없어 회사근처 일본어 학원에서 10개월 학습을 받았다. 그 때 나의 일본어 지도강사가 오키나와 출신으로 그에게 그의 고향인 오키나와에 대하여 관심이 많아 가보려고 했지만 사정이 여의치 않았다. 최근 오키나와에 근접해 있는 센가구섬이 일본과 중국 간에 영토분쟁으로 국제적 관심지이며, 또한 조선시대는 유구(유황)국으로 청나라와 우리나라에도 무역을 위해 사신이 왕래했던 역사적으로 관련이 많아서 나와 해외답사 경험이 있는 몇몇 교수들과 3박4일로 오키나와 섬을 여행하게 되었다.

5월 24일, 오전 10시 이륙한 비행기는 2시간 만에 목적지 '나하 공항'에 도착했다.

그곳은 아열대성기후라 무척 더울 것으로 생각되었는데 공항에 도착하니 기후도 청명한 날씨였고 기온도 별로 덥지 않았다.

오키나와는 160개 섬으로 인구는 약 120만이며 총길이 110km, 폭 4km 남북으로 길게 위치하고 1879년 명치유신으로 일본의 속국이 되었다고 한다.

1942~45년 이곳에 주둔하고 있던 일본군이 미국과 육전陸戰에서 패하여 일본군 1/4명이 순직, 1950년 미국에 점령되었고, 그 후 1972년 일본에 반환했어도 아직도 면적의 20%는 미국이 군사기지로 사용하고 있다고 한다.

다음날 일행은 오전에는 테마파크인 우천동굴(길이 900m)에 들어갔는데 석회석 종류석이 많이 훼손되고 우리나라 동굴과 달라서 온도가 너무 덥고 습도가 많아 오래 견딜 수가 없어 일찍 나와서 야외공연장에서 전통춤과 북춤으로 짜여진 '에이샤공연'을 관람했다.

오후에는 태평양전쟁 때 최후 격전지였던 평화공원으로 갔다.

이곳은 1940~45년 미군과 힘겨운 전투로 희생된 수많은 일본군을 추념하는 묘비가 즐비한 공원으로 그곳에 원형의 돌무덤 2개가 있는데, 그 중 한국인 희생자 231명의 위령탑에서 우리들은 일제히 묵념을 했다. 여기에 오석烏石에 박정희 대통령의 추념시를 바라보는 순간 나는 마음이 서글펐다.

"조국으로 돌아가지 못한 그들 영혼은

파도 드높은 이곳 하늘을 멀리 떠돌다가
혼백과 비바람이 되어 날 것이다"

-중략-

일본육사를 졸업하고 일본군에 배속되었다가 해방되어 조국에 돌아와서 대통령으로 당선되어 이곳을 방문했을 때 그의 심정은 어떠했을까?.

인근 해변에 건립된 대형 전시관은 주황색 일본 전통가옥의 지붕들은 마치 먼 곳에서 보면 진주처럼 깨끗한 바다를 바라보고 있다.

전시관에는 패전당시의 처절했던 일본군의 전투참상이 벽화나 밀랍으로 전시되었고, 전시관 앞 야외 잔디공원에는 희생된 20만 명의 묘비가 부채꼴 모양으로 조각되어 이곳을 단체로 견학하러 온 일본의 중·고등학생들로 붐비고 있었다.

일행 중에는 유동주(전, 은평구청장)씨가 해방될 때까지 동경에서 거주한 경험으로 패전당시 천왕이 항복문을 낭독하는 소리를 라디오로 들었다며 결국 일본이 항복한 것은 '오키나와'에서 일본군 보병부대가 미군에 참패하여 항복하게 된 것이라고 전쟁당시 동경의 모습을 들려주어 부족했던 안내자의 설명을 보충했다.

답사 2일째, 우리들은 만 명이 앉을 수 있는 해안으로 갔다.

해안으로 가는 길 양옆에는 납골당이 많았는데 설치 규모가 사람들이 사는 집처럼 크고 일반 주택처럼 보였다.

여기 바닷가를 보니 우리나라 해안처럼 생선회집이 많이 있을 것 같은데 그런 곳은 찾아볼 수조차 없이 깨끗한 자연경관을 이루고 넓은 평원에서 절벽 아래의 바다와 해안 도시의 경치가 무척 아름다웠다.

돌아오는 길에 파인애플 농장을 들렸는데 마치 파인애플 모형의 6인승 차를 타고 농장을 돌면서 시식할 수 있는 곳을 안내하여 즐겼는데 어린이를 대동한 가족단위 농장으로 인기를 자아내기도 했다.

오후에 '추라이 수족관'을 관람했다. 일본은 수족관이 도시마다 관광명소가 되는데 오키나와 해양기념공원에는 바다와 연계된 야외에서 돌고래 쇼를 볼 수 있도록 만들어 야외운동장 스탠드에서 바라보는 진풍경은 컴컴한 실내에서만 관람하던 우리나라와 비교되었다. 이곳의 수족관은 1975년 세계해양박물관이 건립되었다고 하는데, 그렇다면 지난해 여수에서 열렸던 국제대회를 일본은 40년 전에 이미 이곳에서 개최하였다는 것에 놀라움을 금치 못했다. 도시와 관광지는 이처럼 많은 곳이 오늘날 많은 국제적인 관광지로서 부각되고 있다.

해질 무렵, 우리들은 '가테나(희데)' 미군기지 내 아메리카 빌리지를 돌아보았다. 바로 근처에 6·25한국전쟁 때 공산군의 남침을 저지하는데 수훈을 세웠던 B29기가 발진한 군용비행장이 있다고 한다. 순간 우리 민족역사의 등줄기에 분신처럼 남아있는 처참했던 참상이 다시 떠 올려졌다.

답사 3일, 우리들의 마지막 답사코스인 '듀크왕국'의 역사유적인 수리성을 돌아보았다. 일본 본토의 대규모 성들은 해자와 천수각을 중심으로 배치되어 있는데 이곳 성곽은 화강석을 칼로 두부를 자른 듯 정교한 축성기술이 놀라웠다. 성곽은 1427년 쇼신왕 시대에 축성한 유적으로 세계문화유산에 등록되어 많은 관광객이 붐비고 있었다.

우리 일행은 귀국시간이 촉박하여 성곽 외부만 둘러보고 급히 나하공항으로 이동했다.

이번 오키나와 답사를 통하여 오키나와섬은 대다수 건물이 '콘크리트' 건물이어서 일본 전통기와집은 찾아볼 수 없었으며 풍속이나 언어와 쇼핑에도 본토와 달리 정찰제보다 세일가격이며, 상점마다 관광객을 호객하는 점포가 많은 점에 비추어 나는 일본국에 부속된 현이 아니고 섬나라 "오키나와"로 부르고 싶었다.

이 섬의 남쪽 해안을 동지나해라고 표기된 것으로 보아도 일본보다 중국이 더 가까운 섬을 일찍부터 일본의 영토로 만들었다. 이처럼 일본은 국제정세에 민감했는데 우리는 한반도에 근접한 대마도까지 일본영토가 되어 임진왜란 때는 한국 침략의 전진기지로 삼아 대륙 침략을 용이하게 했다. 오늘날 독도까지 자기나라 땅이라고 고집하고 있는데 우리나라는 과거 선조들의 영토에 대한 국제적 감각이 부족했던 결과로 부끄럽기도 하고 아쉬움도 많았다.

일본 돗토리현(鳥取縣) 역사 탐방

지난해 나는 러시아 연해주 '블라디보스톡'을 다녀올 때 승선했던 여객선 DBS훼리호가 주1회 일본의 동부 돗토리현 사카이미나토시도 운행한다는 사실을 알았다. 그때 함께 갔던 일행에게 기회가 되면 일본의 돗토리현을 가보자고 제안했다.

일본 돗토리현은 동해시에서 직선으로 15시간 소요所要된다고 한다.

2016년도 서울역사문화포럼이 나의 뜻대로 답사지역을 일본의 돗토리현으로 결정(3박4일)하자 동참 회원이 40명을 넘었다. 2016년 6월 23일 아침 9시, 잠실운동장에서 출발한 버스는 대관령을 넘어 오후 4시 동해항 여객터미널에 도착하였다.

일행은 출국수속을 마치고 돗토리행 훼리호에 승선하여 오후 6시 동해항을 출발했다. 선실 내 레스토랑에서 저녁을 먹은 후, 선상船上 프로그램으로 김종오 교수가 '일본문화의 새벽을 열어준 왕인王仁박사'를 주제로 특강을 했다.

왕인 박사는 누구인가? 왕인은 18세에 박사 칭호를 받고 지덕겸비와 오경에 통달한 대학자였다. 그의 나이 32세에 논어 10권과 천자문 1권을 가지고 영암의 상대포(당시 무역항)를 떠나서 오진왕 16년 봄 2월에 일본에 도착했다. 따라서 왕인은 일본 왕실에서 태자의 스승이 되었고 이를 계기로 일본은 문화사상에 새 역사를 이루는 '아스카문화'의 꽃을 피우게 되었다.

약 90분에 걸쳐 특강과 토론을 마치고 우리는 각자 선실로 돌아와 깊은 잠에 들었다. 배는 다음날 오전 9시경, 돗토리현 사카이미나토시항에 도착했다. 부두 가까운 곳에 미즈키시게루 거리가 있어 약 1시간쯤 관광했다. 이곳은 미나토 출신 일본의 국민만화가 미즈키시게루를 기념하여 조성한 상점가에 요괴妖怪 조각이 150개가 세워져 있다.

다종교 신을 믿는 일본인답게 일본의 각 지역에 많은 귀신과 요괴 그리고 전설과 괴담들을 소재로 히트시킨 시게루의 작품들이 각종 캐릭터 상품으로 판매되고 있었다. 휴일이라 가족 동반의 외국 관광객들이 상점 앞에서 기념사진을 찍고 있었다.

우리 일행은 귀신을 상징한 캐릭터가 한국의 정서와 맞지 않는지, 그다지 흥미를 끌지 못하고, 나 또한 몇 가지 조각만을 스탬프에 찍고 아카사카역으로 갔다.

부근에는 한·일 우호공원이 있는데 '한국 강원도 상선표착 기념비'가 세워져 있었다. 1819년 강원도 평해군의 12명 한국선원이 해변에 표류했었는데, 돗토리현 성주는 이들을 융숭하게 대접하여 무사히 귀환시켰다. 그런 연유로 지금도 두 도시가 친선교류를 하고 있단다. 우리는 점심을 마치고 버스에 올라 그곳에서 17km 거리에 있는 일본 특유의 해안사구로 가는 도중에 나는 창밖으로 비쳐지는 농촌도시의 풍경을 보니 우리와 비슷했다. 그곳도 농업인구가 급격하게 줄어 휴경休耕하는 전답이 많이 보였다. 해안 주변 도시에는 높은 빌딩이나 대규모 건물은 볼 수가 없었다.

돗토리의 해안사구는 남북으로 약 2.4km에 달하는 '일본 3대사구' 중 하나라고 한다. 이곳의 사구砂丘는 센다이강의 모래 위에 다이산(大山)의 화산재가 쌓여 일본해에서 불어오는 해풍으로 인하여 생성되었다고 한다.

두 번째로 간 곳은 에도시대로부터 메이지시대에 걸쳐 지어진 흰 벽의 창고가 다마가와 강변을 따라 늘어서 있는 거리로 오랜 일본문화가 고스란히 배어 옛 정서가 물씬 풍겼다. 그 옆에 붉은 기와라는 뜻으로 아까가와양조장을 개조해 향토인형, 공예품, 상점과 공방이 많고 요나고 점포에서는 메밀국수, 일본된장 등을 팔고 있었다.

다음에 마츠에성(松江城) 해자垓字를 돌아보았다. 호리카와라는 12명이 탈 수 있는 소형 배를 나누어 타고 개성있는 교량 밑을 지나는데 배의 지붕을 내려야만 통과할 수 있는 교량을 아슬아슬하게 지나면서 신지코 호수의 일몰日沒 광경을 볼 수 있었다. 마츠에성은 1611년에 초대성주인 시오미가家에서 5년에 걸쳐 완성한 일본의 전형적인 석성石城으로 천수각은 현존하는 일본의 12개 중의 하나로 해체와 재건축을 하지 않은 원형 그대로 보존되어 있다고 했다. 가까운 곳에 시마네현(島根縣) 청사廳舍가 있었다. 바로 저 건물에서 독도를 자기네 땅이라고 억지 주장을 하는 바람에 한국과 일본이 영유권 때문에 국제적 분쟁의 발원지라고 생각하니 금방이라도 들어가서 항의하고 싶은 감정이 생겼다.

우리는 도고호수에서 온천이 솟아나는 하와이온천 주변의 호텔에서 1박했다. 외형은 호텔로 보이지만 내부의 시설과 음식은 일본의 전통여관이었다.

기모노 차림의 여인들은 다다미방에 마련된 저녁상을 차려놓고 식사 전, 그들만으로 구성된 무용과 노래솜씨를 발휘하여 일행을 맞는 환영과 즐거운 밥상이 되도록 식사 분위기를 자아냈다. 저녁을 맛있게 먹은 후 모두가 유카따 옷으로 갈아입고 호수와 접해 있는 정원에 붉은 다리를 오고가며 즐거운 밤 시간을 보냈다.

다음날 시마네현 마츠에포겔 파크를 관광했는데 넓이가 약 8,000m^{2}에 이르는 꽃의 테마 전시 온실에는 수천 종의 꽃과 새를 주제로 한 공원으로 우리는 그곳에서 중식을 했다. 미나토항으로 이동 중 요나고성을 모델로 축성한 일본 전통 과자점 고토부키쇼에서 과자를 직접 만드는 과정을 보고 다양한 과자를 시식했다.

이번 역사탐방은 우리 역사와 관련되는 유적이 적어 아쉬움은 있었으나 처음 가본 동해의 일본 해안에서 모처럼 일본의 전통여관에서 숙박하면서 여행의 진수와 손님을 맞는 일본인의 친절한 매너가 무척 인상적이었다고 일행 모두가 좋아했다.

이곳의 대표적인 명산名山인 다이산(大山)은 높이가 설악산 대청

봉(1,708m)과 비슷한 높은 산으로 등산코스가 다양하고, 스키장 등 주변에 온천과 휴양시설이 많아 사계절 많은 산악인과 관광객의 발길이 끊이지 않는다고 한다.

언제라도 등산을 좋아하는 동호인들과 다시 찾아오고 싶은 저 다이산!

나는 귀국선 훼리호에서 멀어져 가는 다이산을 바라보며 그날이 오기를 기대하면서 다이산이여 안녕! 작별의 손을 흔들었다.

아시아의 유럽도시 블라디보스톡

러시아 연해주는 한반도와 가깝고 그곳에는 아직도 고려인이 살고 있다.

블라디보스톡은 일제강점기에 우리의 독립 운동가들이 항일투쟁을 전개했던 곳으로 우리 역사와 관련이 많은 지역이다.

지난해 우연히 박경룡(서울역사문화포럼 대표) 사무실을 방문했는데 2015년도 해외답사지역을 선정하려는데 어느 곳이 좋겠느냐고 해서, 내가 연해주지방을 제안했더니 그리로 선정되어 나도 동참했다.

지난 5월 17일 오전 10시, 우리 일행(34명)은 4박5일로 연해주 지역을 답사하기 위해 강원도 동해시로 갔다. 동해시에서 블라디보스톡편은 훼리호(13,000톤, 파나마선박)로 주1회 운행한다. 오후 2시, 동해항을 출항한 훼리호는 푸른 바다를 가르며 거의 두 시간 동쪽으로 항해하다 북쪽으로 기선을 돌렸다. 저 멀리 서쪽으로 북한 땅이 보이지 않을까 망원경으로 보아도 육지는 볼 수 없었다. 저녁 무렵 우리는 일몰 광경을 보기 위해 선상으로 올라갔다. 주홍색 밑그림 속에 수평선 너머로 사라지는 해가 무척 아름다웠다.

우리가 탄 배는 23시간 만에, 다음 날 오후 3시 블라디보스톡에 입항入港했다. 선상에서 바라본 항구 도시는 깨끗하고 무지개처럼 높게 걸려 있는 사장교(2개소)는 날렵하게 설계되어 항구 도시 이미지를 높이는 것 같았다.

첫날 답사 코스가 부두에서 거의 가까운 거리로 우리는 미리 예약한 호텔에 짐을 내려놓고 제일 먼저 잠수함박물관으로 갔다. 이 잠수함은 세계2차대전 때 독일군함 10대를 침수시켰다고 한다. 잠수함 내부에는 당시 전투했던 병사들의 사진이 걸려 있는데 비좁은 공간에서 승전으로 이끈 제정 러시아 군인들의 용맹스런 모습이 떠올랐다. 인접한 태평양 함대사령부와 혁명광장 등을 둘러본 후 이곳의 중심가 아르바트 거리를 걷는 동안 도로변에는 100년 넘는 건물들이 많아서 마치 유럽의 도시 같은 인상印象을 풍겼다.

답사 이튿날 우리는 이상설 열사의 비가 있는 우스리스크를 가기 위해 시베리아 횡단 열차(약 2시간)를 탔다. 열차는 아므르만 해변을 지나 넓은 평원을 달렸는데 창밖을 보니 이곳의 나무는 이제야 연한 잎이 피어나고 있었다. 때는 5월 중순인데 우리나라는 녹음이 짙어지는 봄이었지만 한국과 그리 멀지 않은 곳인데 이처럼 봄이 늦을 수가 있을까? 안내자는 서울과 이곳의 기온은 7도 차이로 여름이 짧고 겨울이 길어 일조량 부족으로 농작물이 잘 자라지 않는다고 한다.

70년대 우리의 새마을운동이 한창이던 시절, 연해주 땅을 개척하여 농업이민을 추진했던 국책사업이 실패한 이유를 비로소 알 수 있었다. 우리는 두 번째 역에서 하차했는데 나처럼 농부들로 보이는 노령층 사람들이 많이 내렸다. 이들은 도시에 거주하는 은퇴자들로서 열차를 이용하여 역 주변 전답에서 농사짓는 농부들이며 재배하는 농작물은 주로 감자와 채소류라고 한다. 나는 같은 처지라서 그들과 좀 더 대화를 나누고 싶었지만 시간이 허락지 못해 아쉬웠다.

연해주는 국토 면적이 남한의 1.8배로 인구는 200만이며 그 중에 70만 인구가 블라디보스톡과 우스리스크에 거주한단다. 러시아는 실업자가 많아 기업농유치정책을 펴고 있으나 기온이 농사에는 부적합하여 성공한 기업이 드물다고 했다.

우리가 찾아간 이상설 선생의 유허비는 수이푼 강변 숲속에 외롭게 서 있었다.

선생은 1870년 충북 진천 출신으로 1894년 조선의 마지막 과거문과에 급제하여 26세에 성균관 관장이 되었다. 을사늑약 체결 후 국외독립운동 근거지로 만주 용정에 '서전서숙瑞甸書塾'을 세웠다. 이듬해 고종황제 밀사로 네델란드 헤이그로 갔었지만 그는 뜻을 이루지 못했다. 이상설은 밀사였다는 것이 알려져 그는 사형을 선고받고 고국에 돌아갈 수 없었다. 그 후에도 그곳에서 항일운동을 전개하다 47세의 한창 나이에 러시아 니콜리스크의 낯선 땅에서 병사했다고 한다.

"내 몸과 유품은 모두 불태우고 그 재도 바다에 날리라."는 그의 유언에 따라 아무르강가에 뿌려져 무덤은 없다. 2001년에 광복회와 고려학술문화재단에서 발해성터가 바라보이는 이곳에 비를 세웠다. 우리는 이상설 선생의 유허비 앞에 머리 숙여 묵념했다.

다음으로 고려인 문화센터를 방문했는데 전시장에는 고려인의 생활 모습과 독립운동 자료들을 소장하고 있지만 빈약하여 센터장長은 한국으로부터 재정지원을 은근히 바라는 눈치였다.

그날 마지막 코스는 최재형崔在亨의 옛 집이었다. 선생은 함북 경원 출신의 재력가財力家로써 안중근 의사가 하르빈으로 떠날 때까지 많은 도움을 주었고, 그 이후에도 항일투쟁을 전개하다 1920년 일본군에 피살되었다고 했다. 석양夕陽이 질 무렵 우리는 다시 숙소로 돌아오는데 버스 창가로 커다란 호수가 보였고 주위에는 크고 작은 별장들이 산재해 있었다.

답사 3일째 오전, 우리는 러시아 정교회와 신 한인촌기념비가 세워진 곳으로 갔다. 우리 민족이 1868년부터 이곳에 이주했는데 1930년 스탈린이 집권한 이후, 한인들이 일본인과 마찰이 심해서 20만 한민족을 중앙아시아(카자흐스탄, 우즈베키스탄) 등으로 강제 이주시켰다고 한다.

세 개의 화강석 비에는 '그동안 한인들이 쌓아놓은 재산과 사회기반을 모두 잃은 슬픈 역사'가 각인刻印되어 비를 바라보는 우리를 숙연케 했다. 오후 우리는 시베리아 횡단열차(TSR)의 시발역 표지석(9,288km)에서 기념사진을 촬영했다. 현재의 역驛 건물은 1917

년 볼세비키혁명 이전에 지어진 것으로서 러시아 횡단역 중에서 가장 아름다운 역사驛舍라고 했다. 하지만 1907년 이준·이상설 선생이 헤이그만국평화회담에 참석하기 위해, 1909년 안중근 의사가 하르빈을 가기 위해, 1937년 연해주에 뿌리를 내린 동포들을 중앙아시아로 강제로 이주시켰던 역사적 현장으로 우리 민족의 슬픔과 한恨이 배어있는 역이기도 했다.

우리는 그곳에서 가장 높은 언덕(214m) 위 독수리 전망대로 가는 도중에 '율 브리너' 생가에 세워진 동상을 보니 그가 열연했던 「왕과 나」·「대장부리바」 영상이 떠올랐다. 그곳의 현대호텔은 서울의 계동 현대사옥보다 규모는 작지만 외형은 비슷했다. 고 정주영 회장은 이곳에서 연해주 개척의 꿈을 폈던 건물로 지금도 해외의 많은 무역회사·사무실과 호텔로 사용하고 있다고 한다.

독수리전망대는 블라디보스톡 시를 조망할 수 있는 좋은 곳이었다. 루스키대 대교와 극동연방대학교 옆 해변은 아름다운 비치로 최근 젊은이와 연예인이 많이 찾는다고 한다. 원래 이곳은 극동대학의 전적지前迹地로 아직도 잔존 건물이 철거되지 않아 우중충한 모습으로 남아 있다.

우리는 마지막 답사 일정을 마치고 다시 귀국하기 위해 부두로 갔다. 우리나라는 이곳과 무역이 활발하지 못해 물류 운송은 없고 관광객들만으로 타고 왔던 훼리호가 계속 정박한 채 우리를 기다리고 있었다. 블라디보스톡은 아시아에서 유럽여행을 해볼 수 있는 국제적인 도시 같은 느낌을 받았지만 오랜 사회주의국가로 관광객을 위해 그리 신경을 기울이지 않는 것처럼 보였다. 관광객이 많은 중심 거리에도 콘테나형 유료 화장실을 설치하고 요식업소에서도 화장실이 부족하여 열을 서야하는 등 불편이 많았다.

귀국선 내에서 우리는 선장의 배려로 조타실에 안내되어 방향키도 잡아보고 '세월호사건'처럼 바다에서 돌발사태 등에 대해 많은 것을 그에게 물어보았다. 나는 우리의 조선造船 기술이 세계적이어서 이 배(훼리호)도 한국에서 제작된 줄 알았는데 일본에서 제작된 여객선이라고 한다. 한국은 원유수송선 같은 큰 배는 건조하지만 아직 여객선은 만들지 않는다고 했다. 나는 혹시 운항 중 북한의 도발이 우려되지 않느냐고 했더니 선장은 "북한이 총격을 가해도 국제적인 이미지 때문에 그다지 신경 쓸 문제가 아니다."라고 한다. 나는 이번 답사 이후, 다음은 러시아 횡단열차로 모스코바까지의 여행이 꿈이었는데 이번 답사를 통하여 러시아 지역의 여행은 아직 시기상조時機尙早라는 느낌이 들었다.

4부
고향으로 가는 역사의 길목에서

삼각산 가는 길
장승長丞과 나
60년 전, 光復의 날을 회상하며
광통교와 신덕왕후
금강산 세존봉世尊峰
아! 「애비 방연邦衍」
철원지방 남방철책 한계선을 돌아보고
내 고장 문화유산을 빛내는 사람들
한국 '정신문화의 보고' 안동지방을 찾아서
고향으로 가는 역사의 길목에서

삼각산 가는 길

나는 관악산 주변에서 30여 년 거주하다가 2002년 북한산 근처로 이사했다.

산이 좋아서 틈만 나면 등산도 할 수 있다는 점 역시 내게는 큰 축복이 아닐 수 없었다. 서울시 공무원으로 재직하면서 북한산성 복원의 실무자로 성곽축조에도 일조一助하여 그곳은 남다른 애정이 배어있기 때문에 앞으로 삶이 다할 때가지 북한산과 더불어 살아갈까 한다.

내가 사는 아파트는 산 중턱에 위치하여 도심보다 공기가 맑고 조경이 잘되어 전국에서 아름다운 아파트 단지로 수상受賞된 적도 있다. 조경造景의 특징이라면 옹벽부분에 자연석을 이용하여 병풍처럼 단장하고, 돌 틈새에 소나무, 산수유, 단풍나무, 참나무와 야생초를 심어서 계절마다 아름다운 꽃과 단풍을 선보여 마치 금강산 만물상萬物相을 연상케 한다. 이렇듯 자연친화적인 분위기와 전망 좋고 등산의 편리성 때문에 우리 동네는 강남에서 살다온 주민도 점점 늘고 있다.

처음 이사 왔을 때는 단지에서 직접 산으로 오르는 길이 없어서 한동안 차도와 보도가 구별되지 않은 협소한 '솔재터널' 옆 도로를 이용하여 차량 사고의 위험도 있었다. 헌데 며칠 전 아파트단지에서 직접 산으로 올라갈 수 있도록 가파른 언덕에 나무계단을 설치하여 능선 길과 연결시켜 놓았다. 입주 후 3년 반에야 비로소 주민들의 오랜 꿈이 이룩된 것이다.

그곳에는 142개의 나무계단이 설치되어 마지막 계단까지 오르자면 숨결도 거칠어지고 다소 힘은 들어도 능선에 올라서면 인수봉과 만경대가 다가서고 기분도 상쾌하여 아파트 사람들이 등산길로 많이 이용한다. 이처럼 새로 설치된 계단 입구에 문 이름을 짓자는 현상공모가 지난해 말 아파트입구 게시판에 공고되었을 때 나도 응모했다. 나는 문 이름에는 가파른 계단을 오르다보면 힘이 드는데 그럴 때 인내와 용기를 줄 수 있는 격려성의 '뉴앙스'가 함축되어야 한다고 생각되었다. 그동안 국내외 많은 산을 오르면서 보았던 몇 개의 문 이름이 떠올랐다. 지리산 천왕봉의 통천문, 백두산 입구의 천지문, 고구려 최초의 도읍지 오녀산성의 천장문, 그리고 산과 관련은 없지만 김일엽 시인이 거주했던 예산 수덕사 '환희대歡喜臺'가 연상聯想되었다. 여기에 '행복을 만드는 강북구'의 캐치프레이즈'를 따와 '행복의 문' 북한산 명칭을 삼각산으로 바꾸려고 노력하는 강북구민의 간절한 소망이 이루어지도록 '삼각산

가는 길' 등을 추가했는데, 작명의 취지와 현판의 디자인도 나무계단에 걸맞는 목각판으로 할 것을 주문했다.

그로부터 며칠 후 심사위원회로부터 전화가 왔다. 총 응모작에서 내가 제안한 '행복의 문'과 '삼각산 가는 길' 두 작품이 마지막 우수작으로 뽑혔다면서 나에게 둘 중 어느 것이 의중意中에 있느냐고 물었다. 나는 행복의 문은 너무 촌스럽고 '삼각산 가는 길'이 좋겠다고 했다. 나중에 알아보니 제안자 뜻을 존중하여 '삼각산 가는 길'이 선정되었다는 것이다.

아파트 대표자회의에서 시상을 마친 후, 회장은 현판과 디자인도 나더러 맡아서 제작해 줄 것을 요청했다. 내가 평소 잘 알고 있는 인사동 목각전문점에서 눈비를 맞아도 잘 썩지 않는 '참즙'나무판에 삼각산 가는 길 여섯 글자를 한글로 음각陰刻하여 지난 해 12월 3일 아취형의 문 위에 달았다. 마치 흰 피부에 붉은 속살을 드러내 보이는 원목의 나이테에 새겨진 이름이 나의 작품이고, 내가 평소 좋아하는 목각으로 디자인하여 직접 달아서인지 날이 갈수록 그 현판에 남다른 정이 담겨지고 근처만 가도 길잡이처럼 나에게 다가온다.

계단을 오를 때 한 번 보고, 등산 갔다 내려올 때 돌아다보는 사이에 나의 혼이라도 배어있는 것처럼 이제는 계단을 오를 때는 나에게 용기와 인내심까지 북돋아 준다. 요즈음 아침운동은 다른 곳으로 가지 않고 이 계단을 오르면서 시작한다. 가파른 계단에는 세군데 쉬어가는 코너도 있지만 내게는 쉬지 않고 오르는 습관이 배어있어서 다소 헐떡이지만 막 바로 올라간다. '언제까지나 나의 건장이 이처럼 유지된다면 얼마나 좋을까!' 때로는 거칠어지는 나의 숨소리마다 지난날의 서툰 삶이 아파오고 숨어있는 애깃거리가 실타래로 감기는 곳이 되기도 하지만 이 계단은 아침운동이 시작되는 나에게 새로운 희망을 심어주기도 한다.

이렇듯 우리 주변에 자주 접하는 시설물에도 자기의 뜻이 담긴 이름표를 달아주면 힘든 계단도 가벼운 기분으로 오르내릴 수 있고 즐거운 장소가 된다.

그곳에 가면 젊음을 재충전할 수 있는 활력소를 얻게 되고 건강하게 살아가는 지혜와 보람도 맛볼 수 있어 내게는 그곳이 행복의 샘터처럼 느껴지기도 한다.

장승長丞과 나

우리나라의 각 지방에 분포되어 있는 장승은 목장승과 석장승이 대부분이다.

장승의 얼굴 모습은 사람 또는 신명神名이 등장하는데 보통 남·여 장승으로 쌍을 이룬다. 남상은 머리에 관보를 쓰고 천하대장군·상원대장군으로, 여상은 관이 없고 지하여장군·하원대장군·지하대장군 등의 글이 새겨져 있다.

장승의 기원에 대하여는 목장승은 솟대에서, 석장승은 선돌[입석]에서 유래된 것이라는 설이 있으나 확실치는 않다. 장승의 기능은 마을의 수호신, 이정표 역할이다. 마을경계에 있는 장승은 그것을 기점으로 한 사방의 주요고을 및 거리를 표시하였다. 장승의 명칭도 지방에 따라 장승, 벅수, 당산 할아버지 등으로 불려지는데 제주도는 돌하루방이 장승을 대신한다. 특히 조선중기 호남지방의 석장승은 주원장과 당태종의 위력을 빌려 마을 입구에 전염

병을 막는 액병厄病을 빌었다. 이처럼 장승은 옛날부터 민간신앙의 형태로서 장소에 따라 형상과 크기는 다르나 얼굴 모양이 험상궂고 해괴駭怪한 점은 일치한다.

서울에도 오래전부터 상도동 삼거리, 강서 개화마을, 송파 삼전도 길거리에 장승이 서 있어 지방 사람들이 서울을 오고 가며 쉬어 가는 곳이기도 했다.

필자는 '86아시안게임'과 '88서울올림픽' 개최를 즈음하여 종로구에 재직 중, 전통문화 보존과 계승 발전을 위해 많은 일을 했다. 특히 고가구 골동품 서화가 많아 '거리의 박물관'으로 명성이 있는 인사·관훈동에 전통문화보존회를 만들고 전통마을축제를 최초로 개최한 바 있다.

종로구 안국동 로터리에는 옛 신민당사가 있어 정치적으로 집회가 많았는데 80년 초 당사가 마포로 이전되고 건물이 철거되자 약 100여 평의 삼각형 공지가 남았다.

종로구는 이곳에 느티나무 5년생 20여 그루를 심어 소공원을 조성하려 했지만 나무는 시멘트 벽돌 잔재와 바닥이 견고하여 잘 자라지 않고 고사되는 경우가 많았다. 인근 점포주는 나무가 자라면 점포가 가려져 생업에 지장을 초래한다고 야간에 골탄 기름을 나무뿌리에 버려 나무를 죽게 한다는 고발도 있었다. 한편으로는 인접상점에서 점포를 확장하고자 점용허가를 신청하는 주민들도 있었다.

필자는 고심 끝에 이 부지를 넘보지 못하도록 '88서울올림픽'을 앞두고 인사동거리에 볼거리 겸 석장승을 설치하기로 방침을 세웠다. 그 당시 상도동 장승백이 장승은 학생들이 불을 질러 장승을 태워버리는 시국이라 쉽게 훼손되기 쉬운 목장승은 처음부터 염두에 두지 않았다. 장승에 소요되는 비용은 인사·관훈동 전통문화보존회원들이 갹출하고 부족분은 구청에서 지원키로 했다.

장승의 모형은 필자가 그동안 지방답사 때 수집한 장승앨범 중에서도 남·여 장승으로 원형이 잘 보존된 전남 나주군 다도면 '불회사' 석장승 모형으로 조각키로 했다. 원석은 섬진강에서 채굴한 길이 4m, 폭 40cm 2개의 화강석재로 전통미를 나타내 보이기 위해 산화약품을 이용하여 오래된 장승처럼 만들었다. 장승이 바라보는 방향은 송현길을 향하여 인왕산 끝자락의 정기를 모아 동십자각의 지붕을 타고 들어오도록 세웠다. 대형 중장비로 기초를 다지고 세워놓은 석장승은 어떠한 충격에도 넘어지지 않도록 견고하게 설치했다. 그리고 장승 주변에 돌무더기도 쌓아놓았고 장승을 보호하고자 흰 종이로 부적을 넣어 새끼줄을 쳐놓았다.

1988년 8월 18일, 역사적인 '88서울올림픽개최(8월 24일)'를 목전에 두고 '제1회 인사·관훈동 전통문화축제'가 개막되었다. 축제행사는 장승제와 남사당 굿판을 벌린 후, 행사에 참석한 지역유지와 기관장들이 개막테이프를 끊고 인사동 거리를 축제행렬로 승화시켜 서울올림픽의 성공적인 개최를 기원했다. 서울올림픽행사가 끝나고 몇 달 후 종로경찰서에서 필자에게 출석통지가 왔다. 내용인즉 '장승이 새로 설치한 것이 아니며, 지방에서 도굴하여 세워진 것'이라고 투서가 접수된 것이다.

나는 원형이 나주 불회사 석장승을 모방한 것이지, 도굴된 것이 아니라고 해명했다. 이틀 후 나주경찰서로부터 현장의 석장승 사진이 도착되어 혐의에서 벗어나기도 했지만, 그 이후에도 장승 때문에 많은 시련을 겪었다.

데모학생들이 장승주변의 돌을 던져 경찰서 유리창이 파손되니 돌무더기를 치워달라고 했고, 남여 장승을 보호하기 위해 새끼줄로 막아놓은 것이 일부 종교인들이 미신을 숭상하는 것으로 보이니 제거해 달라는 민원도 있었다.

필자는 그 때마다 우리 민속고유문화 보존의 가치를 종교 때문에 멸실되는 것은 바람직하지 않다고 해명했지만 민원이라 어쩔 수 없었다. 성황당처럼 쌓아놓은 돌무더기와 새끼줄마저 제거하니 두 장승만 외롭게 남아 아쉬움이 많았다. 그 후 필자가 종로구를 떠났어도 종로구는 장승담당자가 없다는 구실로 그 문제는 아예 생각지도 않는 것 같다. 필자는 서울시에서 근무하는 동안 장승으로 야기되는 민원이 있을 때마다 현장으로 달려가서 해결하느라고 무던히 애를 썼다. 그런 일이 필자로부터 사라진지 어언 30년의 세월이 흘렀다.

올해 초, 필자가 귀농한 마을 입구에도 '마을가꾸기 사업'으로 장승과 솟대를 세운다고 했다. 가양 마을 새마을지도자(안종권)가 이미 천등산 박달재에서 소나무로 4m 길이의 남·녀 장승을 조각 중이라고 내게 스마트폰 사진을 보내왔다. 필자에게 장승의 설치위치를 정해달라는 요청을 받고 마을입구에 설치된 가양마을 표지석을 중앙에 두고 남여 장승위치를 잡아주었다.

지난 3월 4일 11시. 장승 제막식을 하던 날, 우리 가양마을 사람들이 장승주변으로 몰려들었다. 하얀 천에 가려진 장승의 모습이 참석한 면장과 지방 유지들이 힘껏 줄을 당기자 황금색으로 치장한 남·여 한 쌍의 장승이 선을 보였다. '남 장승은 관모에 험악한 얼굴의 가양 남장군, 여 장승은 머리에 비녀를 끼고 웃음을 짓는 가양 여장군' 모습이 대조적이다. 순간 마을주민들은 박수를 치는데 내 옆에 할머니는 장승을 향하여 두 손을 비비면서 연신 고개를 숙이신다. 순간 어릴 때 어머니를 따라서 성황당을 지날 때마다 저처럼 빌던 어머니의 모습이 떠올랐다. 필자도 마을의 번영과 안녕, 그리고 올해의 농사 잘해 달라고 큰 절을 했다.

이처럼 내가 가는 곳마다 장승이 설치되니 '장승이 나를 따라오는지, 내가 장승을 따라가는지' 나와 장승은 특별한 인연이 있는가 보다(평생회원 고완기).

60년 전, 光復의 날을 회상하며

1945년 8월 15일, 내가 살던 두메산골에도 해방의 소식이 들려왔다.

그때 내 나이 8세, 초등하교 1학년이었다. 해방의 그날, 면 소재지에서 개최하는 광복의 만세를 부르러 가는 동네어른들을 따라 학교 운동장에 갔었다.

시골면장으로 보이는 유지들이 연단에서 연설을 한 후, 두 손을 번쩍 들어 만세를 외치자 나도 어른들 틈에서 만세를 불렀다. 대회가 끝나자 많은 사람들은 '풍물패'를 앞세우고 어딘지 몰려 가기에 나도 호기심에서 그들을 따라가 보았다.

군중들은 산 고개를 넘어 마을로 접어들자 대궐처럼 보이는 큰 기와집으로 들어가 안방의 장농과 유성기留聲機를 마당으로 내던져 부서지는 소리가 요란해 나는 너무나 아깝고 놀라 어른들의 소행에 전율을 느꼈다. 심지어 집 뒤에 한창 튼실하게 익어가는 배를 따서 먹는 것이 아니라 팔매로 유리창 문을 부술 때 영문도 모르는 나는 어른들의 이런 소행을 이해할 수가 없었다.

성난 군중들은 도망간 놈을 잡자고 외치면서 그 집을 나와 또다시 다른 곳으로 몰려갔다. 나는 그런 모습을 더 이상 보기 싫어져 혼자 집으로 돌아왔다.

나는 집으로 돌아와서 아버지께 자세한 이야기를 들었다. 알고 보니 그 집주인은 일본이 패전 무렵 유기그릇과 돈이 될 만한 골동품을 공출명목으로 징발할 때, 혹시 숨겨놓은 것 없나싶어 쇠꼬치로 일일이 집안의 가재도구까지 뒤지는 등 일본인의 앞잡이였다고 했다. 동네사람들이 내 놓은 물건 중에서 좋은 것은 자기가 갖는 등 탈취하여 성난 군중들은 제일 먼저 그 집으로 달려가서 분풀이를 했단다.

우리는 그로부터 60년의 세월이 흘렀건만 우리 주변에서는 아직도 일본 잔재를 청산하고 친일파를 규탄하는 소리가 끊이지 않는다. 우리 민족은 세계 어느 민족에서도 찾아보기 힘든 '한풀이 민족'처럼 느껴지는 것은 나만의 생각일까!

1991년 김영삼 정권 때, 중앙청 건물이 헐려질 무렵, 나는 대학교수들과 대만에 출장을 갔을 때였다. 그 당시 대북臺北 시청은 건물이 비좁아서 7개소에 분산되어 업무를 보고 있었다. 그런 여건이라 건물들의 거리가 떨어져 있어 찾아가는데 상당히 불편했다. 그런데 놀라운 사실은 그 건물들이 모두 일본 점령占領 당시에 지어진 건축물이었다. 그들은 우리보다 국민소득이 두 배 앞선 2만불弗이었는데, 일본사람이 지은 청사를 그대로 사용하면서도 관심을 별로 두지 않은 듯 보였다.

그들은 미래를 향하여 더 많은 투자와 비전을 위해 선의에 경쟁으로 부단히 자기혁신과 개발에 열중하는 것 같았다. 미국과 국교가 중단되었어도 흔들림없이 국가 이익을 창출하고 국력을 모으는 데 역점을 두는 것 같아 보였다.

세계 초유 원자폭탄으로 엄청난 피해를 입은 패전敗戰국 일본은 전후 미국의 도움으로 부흥하였다. 그리고 그들과 손잡고 화해하면서 경제대국으로 재도약했는데 우리만 구원舊怨에서 탈피하지 못하고 시시콜콜 과거를 들추어 시간을 낭비한다. 보다 굳건한 자세로 현실을 중요시하며 이웃나라로 서로 이해하고 양보하며 미래를 향해 공동전선을 새롭게 구축해 볼 필요가 있지 않을까?

언제까지 친일파로 매도하여 학자나 유명인을 폄해하며, 6·25를 감행하여 동족에게 엄청난 재앙을 초래케 만든 『김일성 숭배론자』 교수로서 요즘 버젓이 강단에 남아 있는 것은 어찌된 일인가?

독도를 사수하자고 외치듯이 그들을 도태시키자는 외침은 왜 잠을 자고 있는지 모르겠다. 우리는 좀 더 침착하고 냉정한 자세로 어떤 것이 국익을 위해 추구해야 애국이고, 미래를 향하는 길이 어느 방향인지 똑바로 인식해야 하리라. 그리하여 국가가 나갈 목표를 설정하고, 국민을 인도하는 세력이 하루 속히 나와 주었으면 하는 바람이 간절하다.

광통교와 신덕왕후

2005년 7월 14일 '청계천자원봉사교육'이 '서울역사박물관'에서 있었다.

이날 참석한 300명은 봉사희망자 700여 명 중 첫 번째 교육이었다. 우리는 봉사활동에 필요한 소양교육을 마치고, 하얀 헬멧을 쓴 현장 안내자를 따라 질서정연하게 광화문 네거리를 가로질러 동아일보사 앞을 지나는데 어디에선가 물소리가 들렸다. 자동차 소음과 매연이 고작이었던 이곳에서 물소리가 들려오다니… 처음으로 들리는 그 소리에 신선한 충격을 받았음인지 모두 놀란 듯한 표정이었다. 청계천 하상으로 내려가 보니 그곳에 설치한 약 2m 높이의 폭포에서 쏟아지는 소리가 주변까지 울려 퍼졌다. 착공된 지 이제 2년 2개월.

'어느새 공사가 마무리 단계까지 이르러 깨끗한 개천에 이렇게 많은 물이 흘러가고 있다니…' 꿈처럼 느꼈던 복원사업이 꿈이 아닌 현실로 내 앞에 다가와 있었다.

그 순간 착공 전후의 힘들었던 상황들이 어제 일인 양 떠올랐다.

청계천 복원계획이 발표되자 공사의 필요성은 인정하면서도 교통대란과 공사를 너무 서두르는 것 아니냐는 등 비판적인 여론이 많았다. 그 당시 나는 퇴직 이후였지만 문화원이나 시민대학에서 강의를 하고 있었다. 시민공청회나 외국도시의 전문학자들이 모인 포럼에도 참석하여 청계천 복원사업에 관심이 많았다.

나는 서울시가 과연 계획대로 추진할 수 있을지 반신반의했다. 청계천 규모의 하천을 복원하는데 준비기간만도 3~5년이 소요된다는 조기착공 반대론도 있었다.

아기가 어머니 뱃속에서 10개월이 지나면 자연분만을 해야 하는데 그렇지 못하면 사산이 될 수 있다. 모든 준비가 되어 있을 때 착공시기를 늦추지 말고 추진하자던 서울시담당관의 끈질긴 대화와 설득이 주마등처럼 스쳐 지나갔다. 그런데 이렇게 내 눈앞에 대규모의 공사가 성공적으로 마무리되고 있는 현장이 펼쳐지고 있으니 그동안 복원공사를 걱정했던 나 자신이 부끄러웠다. 우리는 물길을 따라 어릴 때 고향의 냇가에서 듣던 시냇물 소리를 이곳에서 다시 들으면서 하류로 이동했다.

그런데 언제 이식했는지 버들가지와 갈대 잎이 물살을 이기지 못하여 비스듬히 누웠고 군데군데 산야초山野草가 있어 새로 조성한 청계천이 더욱 신기하게 보였다. 내 앞에 가던 여성은 자기 집 정원에 가꾸는 꽃나무와 대화라도 하듯이 일일이 꽃 이름을 불러주었다. 꽃들도 자기들을 알아보는 보호자를 만난 듯 자랑스런 자태를 보여주는 것 같았다. 나와 많은 이야기를 나누었던 서초동 '시민의 숲' 근처에 거주하는 여성봉사요원은 어릴 때 수표교 주변에서 자랐기 때문에 자원봉사를 희망했다며 앞으로 자신의 집 주변에서 자원봉사를 하였으면 좋겠다고 미리부터 포부를 밝히기도 했다.

광통교가 세상에 알려지기까지 '모진교'를 지나 하류로 더 가다 보니 '광통교' 복원공사가 한창이다. 나는 동행자들에게 저것이 광통교라고 알려주면서 당초 위치가 아닌 이곳에 복원하는 사유를 간략하게 설명해 주었다. 모두들 원위치가 아닌 곳에 복원되는 것을 아쉬워하는 눈치였다. 나는 복원현장 북측에서 신덕왕후릉에 있었던 신장석과 우석을 보는 순간, 13년 전에 처음으로 발견했을 때 느꼈던 충격으로 한동안 발길이 떨어지지 않았다.

1992년 9월 어느 날 내가 근무하던 사무실에 평소 잘 알고 지내던 기자가 찾아왔다. 그는 내게 "조흥은행 앞" 청계천 하부에 '광통교'가 있는데 한 번 들어가 보지 않겠습니까?"라고 말했다.

나도 그런 사실은 알고 있었지만 악취가 심할 것 같았고, 컴컴한 하상으로 들어가자니 다소 위험도 따를 것 같아 내키지 않았다. 그러나 당시 '문화재과장'으로 있던 나는 담당자로서 외면할 수가 없어 즉석에서 승낙했다. 종로구청에서 다년간 근무했던 경험이 있었기에 출입구도 알았고, 수중작업복 등 제반 장비를 쉽게 지원받을 수 있어 다음날 나와 기자는 종로구청 하수과 직원 2명의 안내로 고아통교(옛, 세일여행사 앞) 주변 출입구인 철판(1×2m)을 열고 청계천 하상河床으로 내려갔다.

청운동과 삼청동에서 흘러오는 물길은 청계천에 합류하면서 북측 호안으로 치우쳐 흘러 중구 쪽은 거의 고수부지였다. 상류로 올라갈수록 물이 허리까지 차올라 옆 사람의 말소리도 들리지 않을 정도로 물소리가 요란했다. 우리는 사전에 준비한 밧줄로 몸을 서로 묶고 손전등으로 방향을 찾아 얼마쯤 올라가니, 당초 예상지점에 '광통교'의 교각이 보이기 시작했다. 교각은 수표교와 같이 물흐름의 마찰을 줄이기 위해 주판알처럼 화강석을 다듬어 2~3단으로 세웠고, 장대석으로 바닥을 만들어 보도로 사용했음을 금방 알 수 있었다. 청개천을 복개할 때 다리 위 판석을 그대로 포장한 것을 보며, 600년 동안 '광통교'는 많은 교통량을 감내해냈다는 사실은 물론, 청계천복개공사 당시에 '문화재보호정책'이 얼마나 허술했는 지를 실감케 한 현장을 보는 것 같아 마음이 아팠다.

교각을 헤아려 보니 24개(길이방향 2열, 너비방향 8열)로 길이보다 폭이 더 넓었다. 그것을 보니 광통교란 이름이 어떻게 지어졌는지 짐작되었다. 교각 중 세 개는 당초의 교각이 유실되어 복개공사 때 세운 콘크리트교각이었다. 악취가 심하고 공기가 혼탁하여 더 이상 견딜 수 없어 돌아설 무렵 다리 북측 석축에 불상처럼 보이는 부조浮彫가 비쳐졌다. 가까이 가서 자세히 보니 사찰의 부도나 왕릉에서 보던 병풍석이란 느낌을 받았다.

그날 수집된 광통교 교각의 위치와 복원가능성, 특히 이 석재石材 등은 태조 이성계의 계비 신덕왕후의 정릉(현, 영국대사관주변)에 있었던 석물의 일부가 광통교부재로 사용된 내력을 서울시장에게 보고함으로써, 오늘날 '광통교'는 다리로써만이 아닌 신덕왕후와 태종관의 비극적인 사연이 많은 역사물로 세상에 알려지게 된 것이다. 그 후 서울시는 남산골 조성대를 발굴하여 남산골로 이전하려 했지만, 부근 교통량 처리에 어려움이 있어 엄두도 내지 못했다. 그런데 돌이켜 보면 오늘을 위해 그냥 둔 것이 오히려 다행이라는 생각도 들었다.

태종과 신덕옹후는 어떤 관계일까?

태조의 첫째부인 신의옹후(한씨)는 이성계가 아직 왕으로 등극하기 1년 전(1391)에 55세로 세상을 떠났다. 그의 소생으로 방우·방과(정종)·방의·방간·방원(태종)·방연 등 6남과 경신·경선의 두 딸이 있었다. 계비, 신덕왕후의 자녀로는 방번·방석의 두 아들과 경순공주가 있었다. 신덕왕후는 황해도 곡산(신천)이 본관으로 판삼사사 강윤성의 딸로서 젊고 총명했다. 친정이 명문세가였기에 태조의 총애寵愛를 받았다. 집권에도 참여하여 막후에서 대단한 영향력을 행사했다. 그러한 강씨의 내조는 마침내 세자 책봉에까지 미치어 태조는 첫째부인 한씨 소생의 장성한 왕자들의 반발에도 불구하고 강씨 소생인 방석(11세)을 세자에 책봉했다. 이때 전처 소생 장남 방우는 39세, 방석의 세자책봉에 가장 불만이 많았던 방원은 26세였다.

방원은 맏형인 방우를 세자로 책봉해야 한다고 주장했지만, 태조는 단호하게 거부했다. 방원은 위화도에서 회군한 이성계에게 개경(개성)의 최영부대를 쳐야한다고 주장했다. 정몽주를 선죽교善

竹橋에서 살해해 개국반대 세력을 제거하고 공양왕을 폐위시켜 아버지 이성계를 왕에 보위토록 한 일등공신으로서 세자자리는 당연히 자기에게 돌아올 것이라고 믿고 있었다. 그런데 오히려 왕후 강씨와 정도전 등 개혁파들에게 밀려 세자 자리마저 강씨 소생인 방석에게 돌아가고, 정도전으로 하여금 세자를 가르치도록 한 아버지가 못마땅했다.

태조와 신덕왕후 그리고 정도전의 바원에 대한 지나친 경계와 냉대 이것이 화근이 되어 마침내 조선왕조는 개국 초부터 피비린내 나는 살육전을 감내해야 했다.

1397년 극진히 사랑하던 계비인 강 씨가 죽자 태조 이성계는 사후에도 연정을 잃지 못하여 경복궁에서 가까운 정릉(지금의 영국대사관주변)에 모시고 그 옆에 원찰願刹인 흥천사를 지어 보호토록 했다.

실세였던 신덕왕후도 죽고 태조가 병중에 있는 것을 기화로 방원일파는 무인년(1398) 8월 신덕왕후 소생인 세자 방석과 방번, 그리고 정도전마저 살해했다. 이 사건을 '제1차 왕자의 난' '방원의 난' 또는' 무인정사'라고 한다. 이때 태조는 극도로 병약하여 내막을 정확히 파악하지 못했지만 뒤늦게 방번, 방석 형제가 살해당한 사실을 알게 되자, 나중에는 홀로 남은 강씨 소생인 경순공주까지 화가 미칠 것 같아 달(경순공주)을 삭발시켜 '흥천사'로 보내 어머니 영전에 향을 올리면서 승려로 살도록 했다.

태조는 구옹에서 왕자의 난 등 불윤이 겹치자 상심하여 병약해 결국에는 왕위를 내놓고, 장남 방우도 기병사하여 그해 9월 둘째 아들 방과에게 왕위를 넘겨주고 상왕으로 물러났다. 비록 방과는 조선 제2대 정종으로 등극했으나 권력이 방원의 손에 집중되었고, 후일 방원에게 화를 당할지도 몰라 공포를 느꼈음인지 1400년 11월 마침내 방원에게 왕좌를 양위하고 경복궁을 떠나 연희궁(연세대학터)으로 갔다.

태조는 상왕으로 있던 대부분의 세월을 함흥에 가서 돌아오지 않는 등 부자지간의 불화가 가시지 못했는데, 1408년 태조마저 돌아가시자 태종은 평소 도성都城 내 신덕왕후능을 못마땅해 계비 강씨에 대한 원한이 남아있었는지 릉을 비밀리에 사을한리(현 성북구 정릉동)로 옮긴 후 능에 있던 석물 등을 땅에 묻고, 흥천사도 철거하고 갈 곳이 없는 강씨 소생인 경순공주도 죽였다. 이처럼 불쌍하게 죽은 경순공주를 모신 굿당이 고종 때까지 현 정동(구세군본부터)에 남아 있었다고 전한다.

그 후 태종 10년(1410) 큰비로 흙으로 만든 '광통교'가 유실되자 능석을 다시 옮겨와 광통교의 석재 부재로 사용했다고 한다. 오늘날 광통교는 오랜만에 암을 했던 지하공간에서 밖으로 나와 햇살을 보게 되었다. '왕자의 난'을 비롯한 비극적인 사연이 많은 역사물로 남아서 형제 간에 피로 얼룩졌던 과거사를 되돌아보는 것 같아 나는 기분이 좋지 않았다.

이처럼 광통교에 역사적 흔적을 알고 있는 나는 그동안 청계천 복원사업 중에서도 광통교 복원여부에 대하여 남다르게 관심이 많았다. 광통교를 복원하더라도 석축으로 사용했던 신작석과 우석만은 신천 강씨 종회에서 요구하던 대로 현재의 정릉으로 옮겨 원형복원은 못하더라도 기념물로 남기려고 정릉관리소장과 협의했지만 청계천에 그대로 복원하고 있는 것을 보니 아쉬움이 많았다.

역사유적은 비록 현재에 와서 잘못을 인정하면서도 그대로 남기는 것이 문화재보호정책이라니 어찌 하겠는가? 청계천에 문화의 꽃을 피우기 바라며 6·25한국전쟁 당시 서울이 수복되고 한동안 청계천은 판잣집과 악취가 나는 흙탕물로 그 후에도 도심지 교통난 해소를 위하여 복개 후 고가도로로 수많은 차량과 분진粉塵으로 얼룩졌던 청계천은 이제 가난했던 지난 세대를 버리고 오늘날 새로운 인공하천으로 우리들에게 돌아오고 있는 것이다.

그리하여 우리는 이제 잃었던 아이가 어머니 품으로 다시 돌아온 것처럼 애정어린 보살핌으로 이 청계천을 깨끗하고 아름답게 가꾸어 서울시민의 문화유산으로 새로운 청계천 문화의 꽃이 피어오를 수 있는 소공원으로써 품위品位있게 만들어 나가야 한다. 이러한 사명使命에서 이날 참석한 3백여 명의 자원봉사 요원에게 각자 역할을 수행할 각오가 충만해 보였다. '청사랑' 회원들과 함께 청계천에서 일할 수 있는 기회를 준 서울시에 감사하며 청계천 복원공사가 성공적으로 마무리되기를 진심으로 기원한다.

금강산 세존봉世尊峰

'금강산 그늘이 관동 팔십 리'라는 옛 속담이 있다.

이 말은 금강산의 아름다운 그늘이 비쳐져 관동지방의 풍경을 이루었다는 표현으로 여기에는 '훌륭한 사람은 그 덕이 아래에게도 미친다.'라는 뜻이 포함되어 있기도 하다. 우리나라의 명산인 금강산을 다녀온 사람에게 금강산이 어떠냐고 물어보면 중국에 '장가게'에 비하면 아무 것도 아니라는 정도로 말끝을 흐린다.

이처럼 금강산이 개방되기 전에 생각했던 것보다 미온적인 반응을 보이는 것은 금강산이 일부지역에 한하여 개방하고 있을 뿐 아니라 북측의 엄격한 통제로 관광도 자유롭게 하지 못하여 모처럼 기대했던 금강산에 대한 이미지를 과소평가 하는 것은 아닐까 싶다. 나도 그러한 맥락에서 그동안 무척이나 가보고 싶었던 금강산 관광을 일부러 미루어 왔었다. 그런데 최근에 개설했다는 왕복

7시간 걸리는 세존봉(1,162m) 코스는 외금강에서 가장 깊숙한 곳의 험준한 코스를 등산을 할 수 있어, 웬만한 산을 타본 경험자만을 모집한다는 '스포스 한국일보' 산행안내소식이 나의 호기심을 자극했다.

지난 7월 1일 밤 8시. 출발버스에 올라보니 '희말리아산'을 정복했던 허영호 씨가 이번 산행에 대장으로 참여해 마음이 든든했다. 함께한 대원들도 거의 젊은 층으로 산행경험이 많아 보였다. 동해안 육로를 밤새 달려 새벽 6시경, 아침식사를 마치고 점심은 정상에 도달 후 가능하다며 나누어준 도시락을 배낭에 넣었다.

우리가 탄 버스는 남북출입국관리소에서 제반수속을 마치고 약 30분 북으로 달리자 서북쪽으로 병풍처럼 금강산 위용偉容이 다가섰다. 오랜 장마철이라 혹시 비가 오면 어찌나 걱정을 많이 했는데, 이날은 맑게 갠 날씨어서 참가대원 얼굴에는 기쁨이 충만하여 벌써부터 목적지에 도달한 것처럼 마음이 들떠 있었다. 쾌청한 날씨가 이날 미지의 세존봉을 오르는데 일조一助를 해주었다.

〈신계사를 지나 구룡연으로〉

아침 9시경 구룡연으로 가는 계곡에는 붉은색을 띤 홍송紅松이 빽빽이 하늘을 이고 서있고 수정처럼 맑고 깨끗한 물은 수 없는 돌파구를 돌아 곳곳에 크고 작은 소沼를 만들어 신비스럽게 보였다. 과연 천하명산 금강산이구나!… 이곳에 곧게 자란 소나무를 보는 순간 백두산자락에 자생하는 미인美人송이 연상되었지만, 그것에 비하여 여기에 소나무들이 더 한층 아름다웠고 수려秀麗해 보였다.

'아향청산거我向靑山去 녹수하처래綠水河處來'

'나는 청산을 찾아가는데 녹수는 어디서 오느냐'는 김삿갓의 시 한 구절이 떠 올랐다. 우리 일행은 구룡폭포 앞 '관폭정觀暴亭'에서 잠시 쉬었다.

개성의 박연폭포, 백두산의 천지연과 더불어 3대폭포로 알려진 구룡폭포는 용이 꿈틀거리며 바위를 타고 내려오는 형상으로 규모에 비하여 낙차의 굉음은 그리 크게 들리지 않은 것이 이상하다. 일반관광객은 여기까지 왔다 되돌아가는 모양이었다.

〈세존봉으로 오르는 길〉

11시가 되자 북한 측 안내자가 여럿이 나타났다.

25세 전후로 보이는 남자안내원은 비교적 키가 크고 메마른 청년이나 반대로 여자들은 키가 작고 야무져 보였다. 선두에 북한 안내자 2명, 대열 중간에 응급사태를 대비하여 간호사로 보이는 여자안내원도 몇 명 끼어있는 것을 보니 이들은 안전에 무척 신경을 쓰는 것 같았다.

그 때부터 우리는 구룡폭포를 뒤로하고 가파른 언덕과 암벽을 오르기 시작했다. 철 계단이 많아 거의 일렬로 올라가는데 정신을 집중하지 않으면 사고 위험이 있는 곳도 많았다. 북측 안내원은 후미 안내자와 연신 교신하면서 선두속도를 조절했다.

이들의 표정은 너무 굳어 있고 말수가 적어 나는 일부러 정비석의 금강산 여행기의 '산정무한' 몇 구절을 암송했다.

'날이 저물어 찾아든 곳이 애화哀話 맺혀있는 용마석龍馬石,

마의태자麻衣太子 무덤이 황혼黃昏에 고독했다.' -중략-

이쯤에서 나는 중단하고 마의태자 무덤은 어디냐고 안내자에게 물어 보았다.

"마의태자 묘는 옆의 능선너머에 있는데 아직 개방하지 않아 갈 수가 없습니다." 라고 전형적인 북한 말투지만 조금 전보다는 표정이 달라보였다. 나는 서울에서 "관광안내 교육을 하는 강사라고 소개하면서 갖고 갔던 '서울문화유산' 안내과정 프로그램을 설명해주면서 이들과 이야기를 나누었다. 그러면서 "안내자는 관광객에게 더 많은 정보와 재미있는 이야기를 전해주어 관광객을 즐겁게 도와주는 도움이로 금강산에 대한 여러 가지 이야기를 해주면 그만큼 흥미를 갖고 금강산을 구경하러 오는 관광객이 많아질 것" 이라고 넌지시 말해주었다.

"선생님! 우리도 잘 알고 있습니다. 단지 시간이 없어 그리 못하는 것입니다." 다소 퉁명스런 말투지만 처음 대할 때와는 사뭇 표정이 밝아보였다. 나는 이들 안내원의 공식명칭은 무엇이냐고 물어보니 '환경관리원'이라고 했다. 이런저런 이야기를 나누면서 계속 올라가도 '세존봉'으로 가는 길은 멀고 힘들기만 했다. 거의 한 시간 올라서 고개를 들어보니 절벽사이로 파란 하늘이 보여 정상에 도달하는가 싶었는데 막상 그곳에 올라서니 정상까지는 이제 삼분의 일밖에 못 왔다며 안내원은 건너편 능선이 '세존봉'이라고 했다. 그곳을 가자면 다시 저 깊은 골짜기까지 내려가 또다시 가파른 철계단을 올라가야 된다며, 자신없는 회원은 여기에서 돌아가 달라고 말했다. 너무나 지친 몇 사람은 오던 길로 되돌아가기도 했다.

나도 오늘따라 무척 힘이 들었다. 연령 때문일까! 여기에서 중단하면 내 생애에 언제 다시 이곳을 오겠는가. 지금까지 악천후가 아니면 정상도전을 중도에서 포기해 본 적이 없는 나는 최후에 일전을 치를 각오로 마음을 굳게 먹고 목적지를 향해 다시 골짜기로 내려갔다. 이곳에 설치된 수많은 철계단과 난간은 해방 후 6·25전란 등 북한의 경제사정으로는 상상할 수도 없고, 그렇다면 일제 때 일본사람에 의해 설치된 것이 분명했다. 거의 일세기 세월이 흘렀는데 풍림에도 훼손되지 않고 빨갛게 녹이 슬었다. 하지만 고스란히 남아있어 오랜만에 철계단을 딛고 오르는 우리는 백년百年지기라도 만난 듯 반갑고 고맙기만 했다.

〈금강산의 5대 전망대 '세존봉'〉

정상에 거의 다가설 무렵 어디선가 일진광풍一陣狂風이 불어왔다. 순간 내 앞에 가던 젊은 여성이 비명을 질렀다. 바람에 쓰고 간 등산모가 연처럼 하늘로 날아갔기 때문이다. 나도 몸의 중심이 흔들려 바위를 잡고 잠시 몸을 나추었다.

오후 2시 30분. 나는 가쁜 숨을 몰아쉬면서 드디어 세존봉 정상에 우뚝 섰다.

세존봉에서 바라본 여름 금강산은 세상의 모든 시름을 잊게 할 정도로 경치가 빼어났다. 서남쪽으로는 신선들이 모인다는 집선봉集仙峰의 기암괴석이 병풍처럼 펼쳐져 있고, 뒤쪽으로는 금강산의 주봉인 비로봉(1,638m)이 흰 구름을 두른 채 이곳을 내려다보고 있었다. 동쪽으로 멀리 삼일포와 동해가 희미하게 보였다. 화창한 여름햇살에 여인의 속살이 전부 드러나 보인 것처럼 금강산의 자태에 취하여 나도 한동안 감탄을 감추지 못했다. 순간 올라올 때 흘렸던 땀과 피곤이 어느덧 싹 가시고 심신은 하늘로 둥실 떠오르는 것 같았다. 이러한 쾌감 때문에 산악인은 정상에 오르려하는 것이 아닐까싶었다.

그날 나와 가장 많은 대화를 했던 장남수(환경관리원)씨는 지도를 펴 보이며 이곳 세존봉은 금강산의 주봉인 비로봉을 비롯하여 천선대·채하봉·백마봉과 더불어 금강산의 5대 전망대로 손꼽히는 곳이라고 설명했다.

우리나라 대부분의 산은 불교의 영향을 받아서 석가釋迦, 비로毘盧, 미륵彌勒 문수文殊, 보현普賢 등의 이름이 많다. 그 중에서도 세존世尊이라는 칭호는 10여래 중 가장 존경받는 분이 석가세존釋迦世尊인데 그렇다면 금강산 5대 전망대에서도 이곳이 석가세존이 위치한 곳이라 해서 세존世尊봉으로 명명한 것은 아닐까? 법당 후불탱화에서도 석가세존이 가운데 자리 잡고 있지 않는가?

불교에 대한 지식이 별로 없는 내 나름대로 생각을 해보았다. 후미 일행이 다 올라 온 후 우리들은 준비했던 도시락으로 점심을 맛있게 먹었다. 한동안 휴식을 취하고 하산을 위해 새로 공사를 끝낸 100m길이의 아슬아슬한 수직 철계단을 조심조심 내려오니 후! 하며 안도의 쉼이 절로 나왔다. 내 일생 이처럼 길고 거의 수직으로 세워진 철계단은 처음 보았기 때문이다. 깊은 계곡에 위치한 합수

목, 동석동을 빠져나와 온정溫情리에 도착하니 벌써 전기불이 들어오기 시작했다.

이튿날 우리는 만물상의 천성대天星臺, 망양대望洋臺를 둘러보고 언젠가 금강산에서 가장 높은 비로봉까지 등산할 수 있는 꿈을 간직한 채, 다시 비무장지대를 넘어 서울로 향했다. 귀로에 우리 측 최북단 역 '저진역'을 바라보니 최근에 새로 만든 객차 4량을 단 기관차가 북으로 떠날 신호만을 기다리고 있었다.

아! 「애비 방연邦衍」

지난해 12월, 나는 친구 J와 함께 국립극장 '달오름'에서 창극「애비 방연」을 관람했다. 내용인즉 조선 제6대 단종은 부왕인 문종이 일찍 죽어 12세에 임금이 되었으나 숙부인 수양대군에게 왕권을 찬탈簒奪당한다.

노산군으로 강등된 단종은 그해 음력 6월 22일, 강제로 한양 창덕궁을 출발하여 영월로 향하는 도보 길에 올랐다. 그는 7박8일만에 청령포에 이르러 17세의 나이로 비극적인 유배생활을 시작한다. 관람 중에 나는 단종을 영월로 귀양 보낼 때 호송책임자였던 금부도사 왕방연이 청령포 나루터에 남겨둔 그의 시詩가 문득 떠올랐다.

천만리 머나먼 곳에 고운님 여의옵고
내 마음 둘 데 없어 냇가에 앉았으니

저 물도 내 맘 갈아야 울어 밤길 예놋다.

이 비를 대하는 사람이면 어린 단종에 대한 측은지심에 죄책감과 신하로서의 괴로워했던 왕방연의 심정을 누구나 알 수 있게 된다. 구전에 의하면 왕방연은 그 일로 관직을 버리고 중랑구 묵동에 은거하다 세상을 마쳤으며, 묵동 배밭골은 지금도 왕씨의 세거지로 후손들이 산다고 전한다.

창극을 보면 그에게 '소사'라는 딸이 있었다. 혼례를 치르자마자 사위가 사육신을 중심으로 단종 복위운동에 연루되어 참수를 당하고, 딸은 역신의 아내 처지가 되어 노비로 끌려가게 된다. 결국 아버지(왕방연)는 그 딸을 구하기 위해서 한명회에게 충성을 맹세하여 단종에게 사약을 내리는 책임자로 3개월 후 또다시 영월에 가게 된다.

그때 단종은 장마로 인한 홍수 때문에 청령포가 물에 잠기자 영월 읍내 관풍헌으로 옮겨 머물렀다. 그해 세조의 명으로 금부도사 왕방연이 가지고 온 사약과 공생貢生 복득福得의 교살에 의해 단종은 10월 24일 생을 마감했다. 이 극에서 왕방연은 단종에게 사약을 내리는 집행관역까지 수행하면서 그가 자신의 신념을 버리고 그러한 행동을 하게한 배경과 그의 심리상태를 비극적으로 연출했다. 지금까지 역사에서 왕방연에 대한 기록이 그리 많이 남아 있지 않아서 나는 처음 금부도사로 단종을 영월까지 호송할 때만 직분을 맡은 것으로 알고 있었다. 그런데 세조의 명으로 사약을 갖고 두 번이나 그런 악역을 맡았다는 점이 의아하여 극장을 나오면서 극작가가 누구냐고 물었더니 흥미 위주로 그냥 알고만 있으라고 했다.

나는 이 창극을 보고난 후 단종이 한양을 떠나 영월까지의 행로를 고증하여 '역사탐방길'을 만들어 보고 싶은 충동이 생겼다. 원주 근처 백운산맥(해발 1087m)은 남서로 뻗어 내려오면서 십자봉과 안부鞍部인 배재(460m)에 이른다. 이 고개를 기점으로 강원도와 충청북도로 나누어지고, 원주시 귀래면과 제천시 백운면, 충주시 엄정면의 경계지점으로 나의 고향마을에서 불과 3km 거리에 있다. 요즈음 배재(고개)길 옆에 예전에 없던 '단종이 갔던 길'이란 표지판이 여기저기 눈에 띈다. 특히 원주 귀래는 나의 외갓집 동네로 어려서부터 어머니 따라 이 고개를 넘은 적도 있으며, 백운사람이 귀래장을 보러 넘나들던 그리 험하지 않은 고개다. 이 배재가 그 옛날 어린 단종이 도보로 한양을 떠나 영월 청룡포로 갔던 길이라고 생각하니 사료고증에 대한 흥미가 생겼다. 평소 잘 알고 지내는, 『나의 문화유산답사기』의 저자 유홍준이 '역사는 아는 것만큼 보인다.'는 글이 떠올랐다.

나는 단종이 한양을 떠나 영월로 가던 길이며 많은 사료와 구전을 통하여 왕방연의 행적을 조사했다. 또한 흥원창이 있던 원주시 부론면에서 영월까지의 길은 지금도 내가 가끔 가는 길이므로 주변에 관광자원과 연계하여 답사 안내지를 만들어 보았다.

지금으로부터 559년 전(1457) 세조 3년, 음력 6월 22일, 그해 무더운 여름철에 창덕궁을 출발한 단종은 청계천 영도교에서 정순왕비와 작별한다. 그 후 '살곶이' 다리를 건너 광진구 화양정까지 세조는 내시 안로安璐로 하여금 전송하게 했다. 그는 중랑구 먹골을 지나 광나루에서 배편으로 원주시 부론면 '흥원창興原倉'으로 갔다. 흥원창은 남한강과 섬강이 만나는 곳으로 고려시대부터 조창漕倉이 있어 옛날부터 수상교통의 요충지다.

그 일대에는 고려시대 법천사지(보물48호)·거돈사원공탑(보물78호)·흥법사진공대사탑(보물63호) 등 거찰이 산재한다. 불교가 융성했던 고려왕조 때 왕들이 자주 찾던 주요 지역이다. 이곳부터 단종은 도보로 20리를 가서 단강에서 일박했다. 신라 말 경순왕이 지났다고 해서 귀래貴來지명 유래가 된 곳과 미륵산(경순왕비) 우측으로 가서 다래골을 지나 배재에 오른다.

배재라는 고개이름은 신라 경순왕이 이 고개를 넘으면서 망국의 왕으로 천년사직과 백성에게 속죄의 배례를 올렸다해서 배령拜嶺으로 불렀다고 한다.

이 고개에서 잠시 쉬었다가 우측으로 시루봉(708m)과 삼봉산을 바라보며 백운면 화당리(꽃댕이)로 내려갔다. 꽃댕이에서는 동남편으로 험준한 박달재와 다리재 천등산이 가로막아서 갈 수 없었고, 원서천을 건너간 다음 북쪽으로 거슬러가다 백운산록 덕동 운학리로 들어갔다. 여기에서 구학산 북단 산허리 구역재(해발 530m)를 넘어 원주시 신림에 도착했다. 좌로는 치악산 상원사와 우측으로 감악산 백년사를 보면서 '싸리치(현재 터널)'를 지나 황둔과 영월군 주천에 이른다. 북쪽으로 사자산 법흥사(5대 적멸보궁의 하나) 가는 길이 보인다. 주천에서 남쪽으로 방향을 바꾸어 가다보면 배일치, 소나기재(현재는 한반도지형 관광자원)를 넘는다. 그 당시 단종은 한양을 떠난 지 7박8일 만에 영월 청령포에 이르렀지만, 요즈음 2차선도로가 개설되어 3시간이면 전 구간을 답사할 수 있다.

종로구에서는 해마다 봄이면 어린 단종과 정순왕비가 작별하는 장면을 재현하여 축제로써 승화昇華시키고 있으며, 영월에서 개최되는 단종제端宗祭에도 많은 사람을 보낸다. 나는 종로구에 오랫동안 '문화재보호자문위원'으로 활동하던 중 단종제에 참여한 경험이 있다.

며칠 전 종로구청에 가서 이번에 고증한 자료를 건네주면서 단종제에 갈 때는 그 옛날 단종이 종로를 떠나 영월까지의 유배流配길에 역사탐방을 겸하자고 제안했다. 담당과장도 좋다면서 내게 안내를 부탁했다. 농사일로 한동안 해설사의 직분을 내려놓고 있는 나에게 내년 봄, 이 길을 안내할 때 '애비 방연'의 기구한 운명과 어린 단종의 애절한 사연을 해설한다고 생각하니 벌써부터 마음이 들뜬다.

철원지방 남방철책 한계선을 돌아보고

가을단풍이 절정을 이루는 계절이다.

지난 11월 4일, 나와 고교 동문 26명은 철원지방 비무장지대 군사분계선과 문화유적을 돌아보았다. 오늘의 철원지방 답사는 '재경 고등학교동문회장'인 내가 정한 코스로 모처럼의 나들이였다. 오늘 답사가 전체 동료들에게 즐거움이 되었으면 하는 바람이 담긴 투어였다. 서울을 떠난 지 불과 2시간거리, 철원은 비무장 남방한계선과 접해 있어 전부터 안보코스로 각광을 받던 곳이다.

최근 지역에 산재한 문화유적을 연계하고 패키지관광코스를 개발하여 이곳은 많은 관광객이 찾는 곳이기도 하다.

서울에서 불과 104km 떨어진 '월정리역'은 나에게 잊혀지지 않는 곳이다. 그 당시 둘째 고모가 원산 덕원리에 살고 있었고, 아버지는 흥남질소비료 공장에서 근무하시던 때였다. 내가 6살 되던 때 할머니를 따라 서울에서 기차를 타고 월정리역을 지날 때 역장이 남포등을 비추어 우리가 탄 기차를 배웅하던 모습이 어렴프시 기억난다. 그때 기차가 철원역에서 금강산으로 가던 사람을 내려주고 잠시 정차했는데, 철원역사가 어린 내 눈에는 엄청나게 크게 보였던 것으로 기억된다.

그러나 오늘날 철원역과 월정역에는 그 때를 추억할만한 사진 한 장 전시되지 않아 아쉽기만 하다. 그날 여성안내자는 우리에게 손자며느리처럼 다가왔다.

자기도 농사꾼의 아내며 철원토박이라고 하면서 겨울김장 담근 이야기, 철원의 명품인 '오대미쌀'의 맛과 질이 좋다고 입에 침이 마르도록 자랑했다. 그리고 시종일관 얼굴에 웃음을 담아가면서 고등학교 다닐 때 학교에서 인민청사까지 행군하였고, 철원지방에 산재한 문화유적을 진솔하게 해설해주어 처음으로 철원지방을 찾아온 손님을 대하듯 우리를 반겼다.

이처럼 오늘날 전국 어디를 가보아도 자원봉사정신이 투철한 해설사가 있으므로 옛날에는 미처 보지도 느끼지도 못했던 문화유적에 대한 해설로 흥미를 갖도록 하여 그 지방 관광문화 발전에도 해설자의 역할이 돋보인다.

중식으로 고석정 근처에서 쏘가리찌게에 맛좋은 쌀로 빚어진 점심을 먹은 후, 백마고지로 향하던 중 갑자기 소나기가 내려 백마고지 전망대 해설을 못 들어 서운했다. 그러나 인민청사와 동승저수지 위에 올라가서 궁예가 처음으로 철원에 도읍했던 궁궐터 위치를 망원경으로 조망할 수 있었다.

제2땅굴을 견학하고 신철원 삼부연 폭포에서 힘찬 물줄기가 떨어지면서 굉음을 내어 골짜기를 울리던 장면은 그야말로 장관이었다. 두루미, 독수리 등 철새도래지와 박제박물관을 돌아보면서 그날 동행했던 동료들도 철원평야에서 재배되는 '철원오대미쌀'을 먹고 있다는 동료들이 많았다. 쌀의 품질도 좋지만 이처럼 그 지방의 해설사가 문화유적을 소개하면서 양념삼아 특산물을 홍보한 덕분이 아닐까싶다.

일부 동료들도 여자해설사의 상냥한 미소와 자상한 해설에 영향을 받아서 우리 중에는 다음날 또다시 가족과 함께 철원지방을 답사해 보겠다는 동료들도 있었다.

앞으로 비무장지대를 포함한 철원지방 관광투어는 미래가 밝다고 생각되었다.

오늘날 지방의 역사유적을 해설하는 안내자는 그 지방의 관광문화를 대표하는 명품으로 부각되고 있다. 그날 떠날 때만 해도 일행 중에는 "철원에 무슨 볼거리가 있어 가느냐?"고 투덜대던 동료들도 있었기에 걱정도 되었다. 하지만 그곳의 명품에 대하여 흥미롭게 소개하는 안내자의 도움으로 그날 여행에 큰 보탬이 되어 동료들의 밝은 표정을 보니 이를 주관했던 내 마음도 한층 기뻤다.

내 고장 문화유산을 빛내는 사람들

지난 주말 교원연합회원들과 함께 서울 근교 양주지방을 답사하였다.

양주는 고려시대 그 관할지역이 오늘날 서울시와 의정부시 남양주시 일부에 이르는 광활한 영역이었으나 이제는 서울시의 조그만 변두리 농촌도시로 그 이름이 겨우 남아 있을 분이다.

그날 우리 일행을 태운 버스가 장흥계곡에 도착하자 양주시의 여성안내자가 차에 올라 나누어주는 홍보 가이드북을 자세히 살펴보았다. 영화 「대장금」을 표제로 하여 서울근교 도시의 특성을 살려서 정성껏 만들었다는 인상을 받았다.

서울에 살면서도 한동안 오지 않아서인지 장흥계곡은 옛날보다 많이 달라져 있었다. 당시에는 권율 장군 묘역도 초라하게 보였고, 계곡에는 무질서한 점포와 가건물이 많았었는데 지금은 말끔히 정리되어 자연환경과 어울리는 아름다운 건물도 지어져 있었다.

'생활사 박물관'을 비롯하여 '가나 마술관, 대장금 촬영장'을 연계한 관광코스를 개발하여 주말에 서울시민이 많이 찾아오도록 '테마가 있는 전원도시'로 가꾸어 환경이 몰라보게 달라져 있었다.

우리 일행은 이 고장 별미라는 '부추전'으로 점심을 한 후, 이어 태조 이성계와 무학대사의 일화가 전래되는 '화암사'로 갔다. 이제는 발굴 작업이 끝나 지표에 들어난 옛 회암사는 발굴현장을 보아서 사찰의 규모가 엄청 컸음을 실감케 했다.

안내자에 의하면 원래의 사찰건물에 태조 이성계가 이곳에서 한동안 국사를 보았기 때문에 전각이 늘어나면서 계단구조도 왕이 다니는 중간부분을 돌출시킨 전형적인 삼도형태로 변형된 것으로 추정된다고 했다.

회암사에 남아있는 무학대사의 비문을 보면 나옹은 병진丙辰(1376)년 여름에 회암사에서 낙성회를 베풀며 무학에게 회암사를 맡아달라고 권유했다는 내용이 적혀 있다. 왕위에 오른 이성계는 자신의 첫 생일날 무학을 왕사로 모셨고, 태조 2년(1393) 무학을 회암사 주지로 임명했다고 한다. 태조는 그 후 무학이 있는 회암사를 수시로 찾았으며 뒷날 '왕자의 난' 이후로 회암사는 단순한 사찰로서가 아니라 태조 이성계의 정신적인 운둔지가 되었다고 한다. 이처럼 조선의 개국에 도움을 주었던 무학대사로 인하여 웅장하게 치장했던 회암사, 언제 어떻게 역사의 그늘로 사라져 버린 것인지 정확한 기록이 없이 의문으로 남아 수년 동안 복원도 못한 채 저처럼 역사의 흔적만을 남겨놓고 있을까? 만약 일시적인 화재로 인한 훼손이었다면 다른 사찰처럼 복원해서 관광문화에도 기여할 수 있었으련만 이제는 일부 사극에서만이 그 위용이 알려질 뿐 방치하고 있는 이유는 무엇일까?

동행한 회원들이 이구동성으로 의문을 제기하자 안내자는 우리에게 그 내력을 다음과 같이 설명을 해주었다. "조선의 개국이념은 숭유억불정책으로 신흥 유학에 밀려 불교를 탄압하는 제반정책이 계속되어 이 절과 관련이 많은 지공指空, 나옹懶翁, 무학無學도 회암사를 떠났다. 그런데 세종의 형으로 형제 간의 우애가 아주 깊던 효령대군이 불교를 좋아하여 자주 회암사를 찾아와서 승도들을 모아놓고 강의를 했다. 더욱 효령대군은 세조가 매우 아껴서 궁중에 들어갔다가 밤에 나올 때는 세조 자신이 친히 촛불을 들고 전송하였을 정도였다고 했다.

세조는 왕위에 오른 후 어느 정도 안정을 찾자 왕위 즉위의 정당성을 불교에서 찾으려고 했다. 이즈음 경기도 양주군 회암사에서 세조 10년 5월에 숙부였던 효령대군이 원각법회를 베풀던 중 부처가 나타났고, 감로甘露(하늘에서 내리는 상서로운 이슬)가 내린 것이다.

세조는 이와 같은 기이한 일을 기리기 위해 승정원에 명령하여 지금의 서울탑골공원에 공사감독을 숙부 효령대군에게 맡기어 대규모사찰을 지은 것이 '원각사'였단다. 그 당시 장안 사람들은 이 절을 '큰절'이라 불렀는데 절을 세우기 위해 동원된 인원이 2,100명이 넘었으며, 철거한 민가가 2백여 채나 되었다고 한다. 그때 세운 원각사 10층석탑(국보 제2호) 감실에 원각경을 넣었으며 그 내력을 설명한 비문이 같은 경내에 있는 보물 제3호인 '대원각사비'라고 전한다.

이처럼 세조에 의해 큰 사찰을 짓고 불교를 숭상하는 세조와 왕실의 행위로 조선의 숭유이념이 흔들리자 제일 먼저 반기를 들고 나선 그룹이 성균관 유생들이었다. 왕실에서 효령대군이 회암사 원각법회로 인하여 한성부 중심에 대가람을 짓는 진원지처럼 보였기 때문에 유생들이 불만을 품고 회암사를 불질렀다고 했다.

전국의 많은 사찰들이 임진왜란이나 6·25한국전쟁으로 인하여 불살라지고 훼철되었는데 회암사만은 소멸된 이유를 다른 곳에서 찾아야 한다는 그의 해설은 설득력이 있어 보였다. 회암사에 국한한 해설사라기보다 서울 탑골공원의 문화재까지도 연계하여 설명을 해주는 그의 해박한 역사지식에 나도 경탄했다. 내 옆에 있던 P씨도 이곳을 여러 번 왔지만 오늘 해설하는 안내자처럼 자상하고 재미있게 회암사에 대한 그동안 궁금했던 이야기를 전해주기는 처음이라며 그를 칭찬하자 동석한 회원들은 일제히 박수로 그를 격려했다.

『나의 문화유산 답사기』에 '역사는 아는 것만큼 보이고, 보이는 것만큼 사랑하게 되느니, 그때 보이는 것은 전과 다를 것이다.'라고 쓴 유홍준의 글이 새삼 떠올랐다.

우리는 '천보산' 기슭에 모셔진 지공·나옹·무악대사의 부도를 둘러보고 한북정맥지류인 불곡산 자락에 위치한 양주향교와 관아官衙를 돌아보았다.

그날은 마침 양주 별산대놀이를 공연하여 우리는 지친 다리도 쉴 겸 원형무대에서 각종 탈로 연출한 양주별산극도 관람했다. 안내자는 나에게 다가와 양주산대놀이 공연장의 건축설계가 모두들 잘 되었다고 자랑했다.

내가 보기에는 조선시대 지방교육기관인 향교와 양주목사가 집무했던 동헌근처에 별산대놀이마당을 건립한 것은 정서적으로 잘못되었고, 복원된 동헌건물은 사찰의 중심건물인 대웅전을 이축해 놓은 것처럼 보여 철거 후 옛 동헌형태로 재건립해야 한다고 일침을 놓았다. 왜냐하면 양주목사는 조선시대 임금님이 능행과 사냥 등 행차가 빈번하여 지역의 수령으로서 비록 직급은 낮아도 임금의 신임을 받는 인물을 임명했으므로 동헌과 부속건물의 복원사업은 전문가의 충분한 연구로 완벽한 재건이 필요했기 때문이다.

그날 해설을 맡은 양주시청 안내자는 자기고장 문화유산을 자상하면서도 친절하고 재미있게 설명을 해주었다. 또 그 지방을 누구보다 더 사랑하고 향토문화에 대한 애정과 긍지가 많은 해설사로 보였다. 그는 양주시청의 여성공무원으로 20년 동안 근무하다 50세에 명예퇴직 후, 대민봉사의 경험을 살려 양주를 홍보하고 문화유산 안내자로 활동하는 것에 큰 보람과 자부심을 갖는다고 했다.

우리는 그녀와 헤어질 때 감사한 마음으로 조그마한 성의를 표시했지만 극구 사양하며 백석 근처에서 내렸다. 나는 한동안 그녀의 뒷모습을 바라보며 이런 생각을 했다. 전국의 문화해설사가 저처럼 청렴하고 품위있게 안내를 해준다면 우리나라의 문화유산은 더 값진 문화상품과 관광자원이 될 수 있지 않을까하는…

마치 종가宗家의 맏며느리로서 혼신을 다하여 그 가문의 명예와 전통을 이어오는 여인처럼, 자기고장 문화유산을 해설하는 그의 겸손하고 친절한 설명을 듣노라면 양주의 관광문화는 비전이 보이고 꽃이 피어나리라고 믿어졌다.

그날 출발할 때는 별로 볼 곳도 없는 양주지방을 왜 가느냐고 나에게 불만을 터트리던 회원들도 많았는데, 돌아올 때는 자기들도 양주는 서울에서 가까운 거리로 가족과 함께 다시 한 번 오겠다고 했다. 마음을 내키게 한 것은 안내자의 친절한 해설로 양주지방의 문화유산이 우리에게 볼거리로 선보였기 때문이 아니었을까싶다.

우리 회원들은 가을 단풍계절에 불곡산으로 산행 겸 양주를 다시 찾을 때 한 번 더 안내를 하여줄 것을 그녀에게 부탁하였다.

농익은 5월의 신록과 함께 싱그러운 봄바람이 스치는 차창으로 백석들을 지나 장흥고개를 넘어 서울로 올 때는 차내에서 노래도 흥겹게 불렀다.

한국 '정신문화의 보고' 안동지방을 찾아서

서울문화유산안내자 양성과정을 나는 2개 반으로 나누어 운영했다.

1개 반은 학회가 모집한 50명의 일반시민을 대상으로, 다른 한 반은 종로구청 간부공무원 48명을 위탁받아 실시했다. 매 기마다 수료기념으로 전국에서 문화재 지킴이 활동이 돋보이는 지역을 찾아서 그들의 활동모습을 보여주고 장차 지킴이와 해설사로 활동하는데 도움을 주고자 했다.

내가 안동지방을 택한 이유는 근래 개관한 독립기념관을 관람하는 것, 또 안동지방에는 전통가옥이 많아 목조 가옥을 관리하는 사례를 서울에서 한옥이 가장 많은 종로지역 한옥에도 접목시키고 싶었다. 서울시 공무원들도 기회가 있으면 지방답사를 희망하는 직원이 많기에 나는 이러한 꿈의 제안을 받아들여 실시한 것이다.

이러한 꿈을 실현시키고자 안동 지킴이 회장 김호태 씨도 안내를 자청하여 무척 반가웠다.

6월 14일 토요일 오전 7시, 종로구청을 출발한 일행은 약 3시간 후 서안동 케이트에 도착하니 김호태 지킴이가 기다리고 있었다. 그는 이번 방문팀이 공무원들이기에 특별한 준비를 했다며 안동 지킴이가 손수 발행한 월간 『삶과 문화』지와 『운장각 화보』 등 자료를 나누어 주었다. 당일 김호태 지킴이는 여러 곳을 답사토록 답사코스를 세밀하게 작성했는데 가장 먼저 간 곳이 '학봉 선생' 종택이었다.

고색창연한 종택 건물은 학봉 선생에 대한 많은 자료가 소장되었고, 옛 모습대로 간직된 모습이 무척 인상적이었다. 500년의 긴 세월이 흘렀어도 여기에는 지금도 문상객을 찾을 수 있는 상청喪廳이 그대로 남아 있었다.

우리 일행은 의상대사의 제자인 능인선사가 중수했다는 천등산 기슭의 목조건축물과 우리나라에서 가장 오래된 아미타전각을 비롯하여 근처 유림들이 거처했던 주요건물을 돌아보았다.

봉정사를 돌아보고 길을 되돌아 나와 삼거리를 지나 고려시대 석조미륵불을 보기 위해 '제비원'으로 갔다. 석불주변이 너무 변하여 옛날 정취를 찾아보기 어려울 정도로 주변이 택지로 개발되어 버렸다.

석가탄신일이 지난 지 한참 지났는데도 연등을 그대로 달아놓고 어지럽게 늘어진 줄로 거석을 감고 있어 법의를 걸친 불교미술의 오묘함을 감상할 수 없고 문화재가 구속받는 것처럼 보여 안타깝기만 했다. 주불이 모셔진 법당도 아닌 자연도랑을 훼손시킨 현장을 보니 지킴이들의 활동에 대한 한계를 여기에서도 다시 보는 것 같아 쓸쓸한 느낌마저 들었다.

천막에 가려진 연미사의 지붕은 언제 제 모습을 찾을 수 있을까? 이곳이 성부신의 발상지라는 것을 이번에 김호태 지킴이로부터 처음으로 들었다. 우리의 토속신앙에 대해 관심이 만만찮은 나는 기회있을 때마다 서울에서 개최되는 안동대학 교수들의 학술보고에도 참석한 경험이 있다.

안동지역이 영남유림의 대표적인 고장인데 이처럼 무속신앙을 연구하는 교수가 많아서 평소 의아스럽게도 생각했지만, 이번에 성주신의 본원지가 '제비원'이라는 말에 흥미가 발동했다. 제비원에 성주신의 제단을 만들어 놓은 것도 의미가 있다고 본다. 우리 고유신앙이 이곳에 자리를 잡게 되면 성부신의 연구에도 큰 성과가 아닐 수 없다. 우리는 중식 후 독립운동기념관이 있는 내안川前 마을로 갔다.

안동의 독립운동기념관은 김동삼 선생님의 옛 집터와 전통한옥이 주변에 있어 안동댐과 더불어 '역사문화탐방코스'로도 좋은 입지적 여건을 갖추고 있었다.

전시관을 돌면서 짧은 시간에 차분히 설명해 주는 해설사(규레이터)에 호감이 갔다. 다만 옆방에서 흘러나오는 영상음映像音으로 안내자의 설명에 방해를 주니 좀 민망스러웠다.

다음에 들른 곳은 고성固城이씨와 의성義城김씨 고택이다. 나는 그곳에서 우리나라 목조건물의 진수를 찾아볼 수 있었으며, 대청마루에서 돗자리를 펴고 단정하게 앉아 수예를 하는 앳된 처녀들의 손놀림이 그날따라 무척 아름답게 보였다.

그들은 우리 일행에는 눈도 팔지 않고 오직 실과 천으로 공예품을 엮어내며 다듬고 있었다. 그 옆 의성김씨 고택에서는 한옥체험을 나온 여학생들이 화지에 여인의 버선코처럼 휘어진 전통한옥의 곡선을 열심히 그려놓는 모습에서 선비문화와 한옥의 그윽한 자태에 매료되어 나는 한동안 발길이 떨어지지 않았다.

동네 앞 7층석탑은 고려 때의 불탑으로 귀중한 국보인데, 일본이 그곳에 철도를 부설하여 동네가 갈라지고 진동으로 많은 수난을 견뎌왔다고 한다.

해설사는 전탑에 대한 건축기법과 보수된 벽돌은 색상으로도 구별된다면서 문화재 감상하는 기법을 상세하게 설명해 주었다. 안내자는 여기까지가 오늘 답사코스라고 했다.

일행 중 아쉽다며 근거리에 있는 하회마을도 잠깐 들르자고 하는 바람에 안내자는 다시 승차하여 하회마을을 한눈으로 내려다볼 수 있는 부용대로 우리를 안내했다. 그곳에서 마을을 돌아 흘러가는 강물을 보고 우리는 하회마을의 이름이 연유된 까닭을 알게 되었다.

서울로 돌아갈 시간이 되어 일행은 그날의 답사를 맡은 지킴이들과 작별하고 다시 차에 올랐다. 스스로 봉사하는 것이 좋아서 지역문화유산을 돌보고 전통문화 보존과 사라져 가는 목조건조물

문화재를 지키려고 무던히 애쓰는 분들이 고마웠다. 오늘 전 코스를 안내와 해설을 맡아준 김호태 국장님께도 감사를 드린다.

나는 귀로에 멀리 소백산이 시야에 들어오고 안동시가 멀어질 때까지 밖을 주시했다. 장차 경북도청이 안동으로 이전해 오면 안동지역의 지킴이들에게는 할 일도 많아지겠고 사명감이 생겨 안동시가 명실공히 한국의 정신문화의 수도로서 역할을 하리라 싶다. 앞으로 내국인은 물론 한국문화를 좋아하는 외국손님이 많이 찾는 관광문화의 보고로써 크게 발전되기를 마음 속으로 기원했다.

고향으로 가는 역사의 길목에서

'강나루 건너서 밀밭 길을 / 구름에 달 가듯이 가는 나그네/
길은 외줄기 남도 삼백 리'…

여행을 즐기는 나는 한강을 건너서 남으로 내려갈 적마다 박목월의 시 「나그네」가 떠오른다. 내 고향은 서울에서 삼백칠십 리, 대중가사로 회자(膾炙)되는 '천등산 박달재' 옆 산간마을이다. 광나루를 건너 그리로 가는 길목에는 역사유적이 많아서 창가에 스쳐가는 바람처럼 내 기억 속에 각인된 추억을 떠올리며 고향으로 간다.

한강기슭을 따라 강변도로를 가다보면 왼편에 조그마한 정자가 보인다. 이곳은 그 옛날 아홉 개의 절이 있어 구암, 또는 바위절 마을로 암사정수장 100만 톤 생산을 위해 수용되었다. 남은 산록에 조그마한 정자를 건립, '바위절' 역사의 기록을 담아 놓았기에 이곳을 지날 때마다 필자가 상수도본부 재직 때의 일들이 떠올려진다.

-동서울 톨게이트-

6·25한국전쟁 때 모윤숙 시인은 피난길에 광주산맥을 따라 내려가다 어느 골짜기에서 육군소위의 주검을 보고 의인擬人하여 '국군은 죽어서 말한다.'라는 서사시를 남겼다고 한다.

1999년 봄 나는 하남문화원에서 '모윤숙 시비 건립운동'을 전개했다. 비의 설치위치를 고증하기 위해 시인이 안암동 자택을 나와 2명의 여인과 함께 숙박했던 중부면에 있는 집을 찾아가서 구술한 적이 있다. 그 결과 지금의 동서울 톨케이트 우측골짜기로 잠정결론을 짓고 시비건립 위치로 제안했다. 그 후 시비는 끝내 성사되지 못했지만 매년 현충일이면 진혼곡과 함께 「국군은 죽어서 말한다」는 시詩가 영상처럼 떠올라 지금도 그곳을 지나갈 때 내 시선은 그 골짜기로 향한다.

이천 땅에 접어들면 인조반정시 공훈서열에서 뒤쳐진 이괄李适 장군이 반란을 도모하다 참수되어 흔적도 없이 사라진 곳이 있다. 고성이씨종친회固城李氏宗親會로부터 정확한 사망위치를 찾아서 묘비를 건립코자하여 나는 지역향토연구원들과 함께 이천지역을 답사한 경험이 있다.

-명성왕후 생가로 옮겨진 '감고당'-

여주 인터체인지에서 북쪽으로 약 3km지점에 조선 19대 숙종의 장인 민유중과 인현왕후의 묘소가 있다. 그 묘의 재사齋舍에서 태어난 명성왕후는 고종의 왕비로 간택되어 감고당에서 궁중법도와 왕비수업을 받았다.

북촌 창덕여중 교정에 있던 '감고당'은 후일 덕성여대 설립이사장이 쌍문동으로 옮겼다. 필자가 문화재과에 재직 시 당초 위치로 이전코자 수차 이사장을 만났지만, 끝내 성사를 못하여 아쉬움이 많았다. 근래에 명성왕후 생가로 옮겨진 것을 발견하고 관광자원 확보를 위해서도 쌍문동 덕성여대에서 관리하는 것보다는 명성왕후과 관련된 시설물을 한 곳에서 볼 수 있는 게 다행이라는 생각이 든다.

올해가 을미년으로 120년 전 처절했던 왕비의 최후 장면을 보는 것 같아 마음이 저절로 숙연해진다.

-임오군란과 명성왕후 피란지-

영동고속도로에서 분리되어 충주 문경으로 가는 감곡분기점에서 가까운 장호원은 나의 셋째 고모님이 사셨기 때문에 우리 집에서는 '장호원 고모'라고 불렀다.

이곳은 임오군란(1882) 때 명성왕후가 창덕궁 '단봉문'을 나와 당시 충주목사 민응식(명성왕후 6촌오빠) 집에서 은닉한 최초의 유허지로 매곡고등학교가 건립되어 역사의 현장을 기린다. 이곳에서 제천 방향으로 가다보면 우측으로 금봉산이 보이는데, 이산 근처 노은면 신흥동이 두 번째 은거지로 명성왕후는 매일 산꼭대기에 올라서 한양을 바라보며 고종으로부터의 입궁을 학수고대했던 산山이라 하여 '국망봉'으로 구전되고 있다.

남한강이 충주탄금대에서 달천강(달래강)과 합류, 서북쪽으로 흘러가는 강 여울목에 있던 '가흥창'은 충청도와 경상도지방에서 올라온 세곡을 저장했던 창고였다. 그런데 지금은 흔적도 없으니, 이곳에 창고 하나만이라도 건립하여 역사의 현장을 보전하면 어떨까싶은 생각이 든다.

-신경림 시비와 목개나루터-

'목계나루'는 수운이 발달했던 그 옛날 수많은 물자를 배로 한양을 왕래했던 곳으로 남한강의 역사를 간직한 유서由緖깊은 나루였다. 또한 우리 집은 서울 이태원이 세거지였고, 경강상인京江商人의 후예로 나의 증·조부님께서 이곳을 중심으로 많은 토지를 마련하여 1921년 낙향했던 지역이다. 지금도 뱃길의 무사함을 빌던 목계별신굿과 서민들의 줄다리기가 면면히 이어지고 있다.

-엄정의 내창 장터-

백운산 줄기가 힘차게 내려오다 이곳에서 멈춘 듯, 앞을 둘러싸고 있는 잠방고개는 그 옛날 대홍수시 한강으로 물이 빠져나가지 못해 앞산이 잠방잠방 넘칠 듯 했다고 하여 연유된 이름이다. '내창장터'는 서울의 남대문 밖에서 몇 손가락 내에 들어가던 번창한 시골장터였다. 엄정은 예로부터 충주지방에서는 인재가 많이 배출되는 고장인데, 여기에는 110여 년의 역사를 자랑하는 엄정초등학교가 이를 뒷받침한다.

-천등산이 지척에 다가서다 -

대중가요로 널리 불리어지는 '천등산 박달재' 가사는 가수 '진방

남'(반야월)이 유랑극단시절 충주에서 공연을 마치고 다릿재(천등산)을 넘어 제천으로 가던 중이었다. 고갯마루에서 트럭 고장으로 수리를 하던 중, 근처 성황당에서 치성을 드리고 있는 처녀를 보는 순간 이 고장에 전래하는 박달과 금봉이의 애절한 사연을 담아 작사했다는 대중가요로써 충북도민의 노래로 애창되고 있다.

–경종대왕의 태실(묘) –

숙종의 계비 장희빈(장옥정)의 아들 제20대 경종임금의 태실인데, 내가 어릴 때 태항아리를 넣었던 구멍난 돌이 계곡에 방치된 것을 보았다. 난간석은 엄정면사무소 느티나무 보호석으로 둔갑되어 역사를 비웃고 있는 듯했다. 어느 해 이를 다시 원위치로 복원했는데 한양에서 멀리 이곳에 태실을 모신 것을 보면 뒷산의 흐름과 좌·우 봉우리와 앞산의 지형이 명당(明堂)처럼 보여 나도 반풍수는 되는 셈이다.

경종의 의릉懿陵은 동대문구 석관동에, 장희빈 묘는 숙종의 명릉과 함께 서오릉에 있다.

–억정사대지국사비(億政寺大智國師碑)**와 백운암**(白雲庵)–

향정(밤밭)마을로 올라가다 좌측 비석마을에는 고려 말 억정사비(碑, 보물 제16호)가 있다. 인근에 백운암의 창건비화를 보면 명성왕후가 장호원지역에 은거하고 있을 때 왕비를 극진하게 모셨던 무당이 있었다. 그 무당이 고종의 환궁일자를 정확히 맞추어 훗날 그에게 '진령대군'의 벼슬을 주고, 무당의 소원대로 백운암을 지어

줬다고 한다. 그 무당은 고종황제가 승하할 때까지 덕수궁 뒤 구세군본부가 있던 곳에 굿당을 짓고 명성왕후의 원혼을 모시다가 구세군본부와 경성방송국이 개원되면서 철거되어 다시 이 절에서 머물렀다고 한다.

우측으로 높다란 '추평 저수지' 둑이 앞을 막고 위용한 자세로 다가선다.

1970년 중엽, 인근 4개면이 전천후 수리 안전농지를 만들기 위해 우리 동네는 수몰되어 이곳에서 조상대대로 살아오던 이웃사람들은 전국각지로 흩어졌다.

제방 너머에는 내가 태어나 유년기를 보낸 정든 땅, 고향집터가 40년 넘게 흔적도 없이 깊은 물속에 잠겨 있다. 이제 고향을 떠나 타향에서 맴돌다 노령老齡이 된 나는 할머니와 부모님이 잠들고 계시는 뒷동산을 향하여 다가서고 있다. 머지않아 나의 인생행로도 저곳이 종착점이 된다는 상념想念에서 요즈음은 그리로 가던 발걸음을 잠시 멈추고 고향의 산천을 바라보기도 한다.

5부
남산골 한옥마을

남산골 한옥마을

서울 중구 필동 84번지 주변 약 23,000평은 옛 수도방위사령부(약칭, 수방사)가 주둔했던 곳이다. 정부의 도심지 내의 군시설을 변두리로 이전하는 계획에 따라 서울시는 '남산 제모습찾기사업'을 계획하면서 대지는 유상매입하고, 건물 32동은 무상으로 기부 채납 받았다.

이 터 주변은 조선 영조 때 군사업무를 맡아보던 '남별영'과 일제의 침략 후는 '조선통감부'가 있던 곳으로 정치·군사적으로 중요한 요지였다.

필동은 인접한 묵동, 주자동과 더불어 이곳이 선비들이 생활하던 곳임과 무관하지 않고, 비록 가난하더라도 기골만은 선비로서 품위를 보여 '남산골샌님'이란 풍자적인 말로 회자膾炙되기도 한다. 또한 조선조 관립학교였던 '남학당'이 지금의 퇴계로와 남산기슭에 있었기 때문에 이곳에는 양반 자제 학생이 많았을 것이다.

1992년 봄, 서울시는 남산에 더 많은 녹지를 만들어 시민에게 되돌려주려고 한남대교에서 남산을 조망할 때 항상 푸른 남산의 시계를 가려 문제가 되고 있는 '남산외인아파트'를 철거하고, '남산제모습찾기' 사업을 발표하여 서울시민으로부터 공감과 찬사를 받았으며 그만큼 시민의 관심도 컸다. 이처럼 호응도가 높은 남산제모습찾기 사업을 추진하는 과정에서 서울시는 역사, 문화, 사회 인문계 학자와 전문가 등, 100명의 시민위원회를 구성하여 많은 의견을 수렴하고 자문을 받았다. 과업수행에 있어서는 외인아파트 철거부지는 환경녹지국, 수방사 부지는 문화관광국(문화재과)에서 각각 분담하여 추진키로 하였다.

그 중 가칭 '남산전통문화동네' 사업은 40명의 위원으로 하여금 자문을 받도록 하고 과업내용과 추진과정에 수시로 현장에서 회의를 갖고 위원들의 의견을 반영토록 하였다. '전통문화동네(가칭)'의 기본계획은 우선 훼손된 옛 남산의 구릉을 원형으로 복원하여 남산의 상징인 소나무와 재래 수종을 많이 심어 녹지공간을 확충하는 것이었다. 또한 전통정원의 운치를 갖추기 위해 계류와 정자, 화개花蓋정원을 만들고 여기에 주요무형문화재 전승공방과 공예전시장을 마련하는 내용이다.

이곳에 무형문화재의 공방을 건립하는 목적은 당시 문화재관리국에서 운영하는 강남구 삼성동 소재 국가무형문화재 전승공방 건물이 노후老朽로 철거되었다.

그 후 다른 곳에 공방시설을 물색하고 있던 중 서울시의 남산전통문화 동네에 만들자는 희망사항으로 그에 따른 지원금(5억)이 서울시에 배정되어 있었다.

필자가 92년 초 문화재과장으로 부임하던 시기는 서울시 역사상 문화재 복원사업이 가장 활발했던 때로 기억된다. 경희궁과 숭정전 복원, 북한산성 복원, 운현궁 매입 및 건축물 보수 등이었다. 그뿐만 아니라 한강변 소악루, 효사정, 풍납토성 토지보상, 몽촌유물전시관 건립 등 서울시 문화재 복원사업이 한창 진행되고 있었다.

필자가 문화재과장으로 부임한 이유는 서울에서 고궁 등 문화재가 많이 밀집되어 있는 종로구청에서 다년간 근무한 때문이리라 싶다.

필자는 '북촌한옥보존지구' 관리, 사직단 비천당 복원을 비롯하여 아시아경기대회, 서울올림픽을 대비하여 '대학로 젊음의 거리, 인사동 전통문화거리' 조성에 실무과장으로 근무했다. 또한 우리 전통문화재에 대한 애정과 관심이 많고 해당 부서에서 많은 의견과 제안을 하였기 때문이 아닌가 생각되었다.

서울시민이면 누구나 쉽게 접근할 수 있는 북한산은 등산 애호가뿐만 아니라 휴일이면 많은 시민이 즐겨 찾는 산수 수려한 명산이다. 계곡의 숲에서 물과 새소리를 들으며 정상에 오르면, 멀리 서해의 낙조落照를 카메라에 담고 있던 외국인이 나에게 "남한산성은 잘 보존되어 작품으로 남겨놓고 싶은 곳이 많은데 서울의 뒷산인 북한산 성곽은 언제 복원하느냐?"라고 물으며 못내 아쉬워하는 표정을 짓는다.

나는 그런 외국인들의 표정에서 산성복원의 필요성을 서울시에 누차 건의하였다. 그러나 서울시는 "예산도 없고, 산성의 대부분이 경기도 고양시지역으로 서울시가 왜 복원하느냐?"라며 부정적인 반응을 보였다. 서울시의 재정이 좋지 않은 원인도 있겠지만 문화유산관리에 관심이 적은 것 같아서 나는 정말 안타까웠다.

그런데 서울시는 서울올림픽이 끝난 후 90년부터 산성복원에 착수, 대남문·대성문·보국문·대동문·동장대 등의 복원과정에서 필자가 그렇게도 바라던 일을 직접 담당하게 되니 감개무량했다. 서울에서 많은 국제행사가 개최되고 손님맞이 준비에 아쉬움이 남는 것은 외국관광객에게 보여줄 문화공간이 많지 않다는 게 흠이다. 그 당시는 경복궁을 비롯하여 4대궁 이외는 안내할 만한 시설이 별로 없었다.

서울시는 고궁과 사직단, 종묘를 연계하여 북촌지역의 관광코스 개발을 위해 전문가에 용역을 했어도 재정상 어려움이 많고, 주민의 집단 반발로 근 10여 년간 한옥보존지구도 해제하여 사업자체를 더욱 어렵게 했다. 따라서 필자는 '서울600년 행사'를 준비하면서 영국 옛 궁성(윈저성)의 근위대 교대식에 버금가는 덕수궁 수문장 교대식과 관직의 등용코스인 과거科擧제, 운현궁 복원으로 고종황제와 명성왕후 가례嘉禮도 서울에서 외국인에게 볼거리를 제공하고자 기획한 상품들이다.

평소 필자가 자주 가는 필동 '한국인의 집'은 외국인을 그리로 안내하면 비좁은 공간이지만 전통한옥에 한복을 곱게 입은 종업원들이 현관에서 반갑게 맞아준다. 우리 고유의 전통음식에 전통주와 민속공연, 전통혼례식도 구경할 수 있어 좋다.

그러나 시설이 워낙 협소하여 많은 관광객을 수용할 수 없는 것이 흠이지만 주차장이 완비되어 서울에 오는 관광객들이 저녁시간이면 많이 찾게 된다.

현재 '한국의 집'은 부지가 800평 시설이지만 현재 추진하려는 남산전통문화 동네와 인접하여 있기 때문에 이곳에 기존 한옥을 연계하여 한옥을 배치하고 전통적인 시설을 추가로 만들어주면 훌륭한 관광자원이 될 수 있겠다고 나는 늘 생각하고 있었다. 이곳에 무형문화재 전승공방과 예절강습소를 개설하고 화개정원과 연못, 정자亭子 등으로 우리 고유의 전통정원을 만든다면 전통문화시설의 확충으로 효과가 클 것으로 생각했다. 필자의 이러한 구상을 반영하여 기존의 공방사업과 한국의 집과 연계하여 짓고자 하는 한옥은 반듯이 새로 짓는 건물이 아니고 서울시에 흩어져 관리가 안 되고 있는 민속자료가 도시계획에 저촉되어 철거되거나 관리부실로 멸실滅失 위험이 있는 건물을 이곳으로 옮길 계획을 세웠다.

92년 9월 중순, 서울시는 기존의 남산골을 공방으로 조성하려는 계획을 수정하여 그동안 부르던 남산전통문화 동네를 '남산골'로 줄였다. 또 한국적인 전통공간으로 바꾸고자 필자로 하여금 용역을 맡은 전문가를 대동하고 일본의 전통문화지역을 돌아본 후 대폭적으로 수정하기로 했다.

필자가 가본 곳은 북해도 '예술의 숲', 동경의 우에노 공원 내 풍속風俗자료관, 나고야 근교의 명치明治촌, 히로시마의 숙구켄엔(宿景園) 및 북 구주 '민예촌' 등이었다. 우에노공원 풍속자료관에는 도시개발로 오랫동안 한 곳에 살던 마을주민들이 그곳을 떠나면서 사용하던 가재도구들을 모아서 풍속자료관을 만들었다. 해마다 한 번은 이곳에 찾아와 옛날사람을 회상하는 아름다운 미덕을 남겨주어 "동경사람들의 빛과 그림자"라고 말할 수 있는 훌륭한 전시관이 되었다. 나고야 근교 명치明治촌에는 일본이 근대적 건물을 철거하고 현대의 건물로 바뀔 때 역사와 유서 깊은 건축물을 한 곳에 옮겨 재축하여 학생들의 현장학습으로 활용하고 관광객 유치에도 성공하고 있었다. 북 구주 민예촌은 대나무가 번성한 심산유곡에 자리한 작은 규모의 시설이지만 지방자치단체에서 지정한 무형문화재(인간문화재)들에게 일할 수 있는 자리를 마련하여 그 지방의 전통공예품을 만들어 그 맥을 이어가고 있어 크게 감명을 받기도 했다. 그곳의 민예촌의 여성관장은 1980년 용인의 민속촌(民俗村)도 견학한 경험이 있고, "용산에 미군부대가 타 지역으로 옮긴다는 소문을 들었는데 장차 그 장소를 어떻게 활용하겠느냐?" 며 물어보기도 했다.

일본에는 용인민속촌과 같은 넓은 전통문화시설이 없다면서 우리를 부럽다고 할 때, 서울중심지에 또 하나의 전통문화 시설을 만들고 있는 필자의 업무가 그 때처럼 소중하게 생각되어 본 적이 없었다.

일본의 주요 전통시설을 다녀온 후, 남산골은 당초계획을 많이 수정하여 필자가 앞에서 서술한 일부 민속자료만 기존 '한국의 집'과 연계하여 구릉丘陵 쪽으로 배치했다. 또 그 시대에 사용하던 가재도구도 함께 진열하여 우리의 전통문화 생활상을 볼 수 있도록 하였다. 서울시에서 지정한 일부 공방과 예절교육장, 전통찻집, 그리고 세시풍속을 재현할 수 있는 마당을 추가로 보완하였다.

그 후 '남산골' 기본계획을 확정한 후 종합건설본부로 공사발주를 의뢰하고, 나는 상수도사업본부(경영관리부장)로 자리를 옮겼다. 공사착공 4년, 남산골 준공에 즈음하여 서울문화사학회 회원들과 함께 경내를 돌아보았다. 당초계획에 없던 대형 연못과 공연건물을 추가로 넣었고, 관훈동 박영효 대감, 중구 삼각동에 있었던 조흥은행 관리로 있던 전통한옥을 추가로 옮겨왔다. 부지 조성 때부터 철거시비로 어려움이 많았던 '충정사'를 입구에 다시 건립하는 등, 공사 진행과정에서 많은 부분이 당초설계보다 달라진 점을 확인할 수 있었다. 그러나 서울의 풍수학적으로 남산의 원앙이 알을 품고 있는 자리로 알려진 이곳에 많은 시비를 투자하여 서울의 도심에 또 하나의 전통문화 공간을 만들어 오늘날 서울의 관광명소로 자리를 매김하고 있는 것을 볼 때, 이 사업을 기획한 필자는 뿌듯한 보람과 감회를 느끼는 바이다.

청계천의 발원지

1. 청계천 발원지 조사배경

청계천에 새 물결이 흘러 새롭게 태어난 청계천을 찾아오는 인파가 매일 수 십 만에 이른다. 국민의 화제가 청계천에 집중되자 일부에서는 청계천의 발원지는 과연 어디일까 물어보는 시민들이 많았다. 마침 종로구에서는 발원지를 찾아 표석을 설치하고 시민공원을 조성하려 한다. 그동안 서울시가 청계천복원공사를 앞두고 조사된 자료를 근거하여 '표석설치 안案'이 2005년 10월 12일 '종로구문화재보호위원회'에 자문사항으로 제출되었다.

그날 참석한 필자는 발원지가 되기 위해서는 첫째, 샘 형태의 상시물이 있어야하며 둘째, 청계천 하류지점에서 가장 거리가 먼 곳에 위치하고 있어야 한다는 전제하에 이날 제출한 자료만을 통하여 결정된 사안이 아니므로 현장을 답사하여 신중히 결정되어야 한다는 의견을 제시했다. 따라서 조사위원으로 필자와 박경룡 위원이 선임되었고, 그 조사 자료를 근거로 다음 회의에서 검토키로 하고 당일은 문화재심의안건만 처리했다.

2. 문헌상에 나타난 청계천의 발원지

하천의 발원지를 어떤 기준을 가지고 정할 것인가에 대하여 지리학적으로 정해진 규정은 없다. 한강의 예와 같이 각 지방자치단체에서 자기고장의 자랑거리나 관광명소를 발굴하는 과정에서 임의로 정해놓을 뿐이다. 따라서 하천에 발원지를 설정하기 위해서는 먼저 학술적인 개념부터 정하는 것이 필요하다.

'표준 국어사전'에 '발원지는 흐르는 물줄기가 처음 시작하는 곳'으로 정의한다. 그리고 '물줄기가 처음 시작하는 곳'이란 의미를 좀 더 다르게 해석하면 '대천大川이나 대해大海와 합류지점으로부터 거슬러 올라가서 가장 먼 곳 또는 하천 연장延長상 가장 긴 곳'이라는 의미로 해석할 수 있을 것 같다. 이러한 관점에서 다음과 같은 '청계천 준천濬川 사실' 기록에 주목할 필요가 있다.

한양 도성의 천거가 발원하는 곳은 북쪽은 백악산, 서쪽은 인왕산, 남쪽은 목멱산, 동쪽은 타락산이다. 그 발원지가 백악산 서쪽 인왕산 동쪽으로 백운동에서 내려오는 것이 물길 중 가장 긴데, 굽이쳐 이어져 남쪽으로 흘러 자수궁교를 지나 옥류동, 누각동 아래로 흐르는 물길과 합류하여 금천교를 지난다.

즉 백악산, 인왕산, 목멱산, 타락산 등에서 발원하여 청계천으로 흘러드는 여러 물줄기 중에서 백악산 서쪽, 인왕산 동쪽사이에서 발원하는 백운동천이 가장 길다고 기록되어 있다. 이상의 내용으로 볼 때 백악산, 인왕산, 타락산, 목멱산 등 주변 산에서 흘러드는 모든 지천이 청계천의 발원지라고 할 수 있지만, 이중 청계천의 물줄기가 처음 시작하는 곳이라는 의미에서 발원지를 말한다면 백운동천이라고 하여도 무리가 없을 것 같다.

옛 지도를 살펴보면 물줄기가 백악산 서쪽 자락 창의문 부근에서 발원하였다. 겸재謙齋 정선(1676~1759)이 그린 백운동에서 계곡을 흘러내리는 백운동천의 모습을 볼 수 있다. 이곳은 현재 행정구역상 종로구 청운동에 속하는데 백운동천이라고 추정되는 곳에는 '청운벽산빌리지'가 있어서 발원지의 정확한 위치를 확인할 수가 없다. 다만 이곳으로 올라오는 길을 '백운동길'이라고 부르고 있어 이 길을 따라 백운동천이 흘렀음을 짐작할 수 있다.

3. 청계천 발원지 조사활동

발원지에 표석을 설치키로 했던 당초 안이 발원지를 재조사하여 결정키로 하자 그동안 구청 문화진흥과에서 추진하던 업무가 하천을 관리하는 부서인 토목과로 넘겨졌다. 따라서 하천관리 전문위원인 경기대학 이종태(토목환경학) 교수를 추가하여 필자와 박경룡 위원이 조사에 임했다.

1) 제1차 조사(2005. 10. 10)

그동안 발원지로 추정한 벽산빌라 뒤편 '최규식' 동상주변을 확인한 바 계곡이 짧고 수량도 적었다. 우리는 추가 자료로 2003년 청계천복원 초기에 방영된 'KBS역사스패셜' 녹음테이프를 다시 화면으로 본 후, 부근에 여러 수계 중 수량이 제일 많은 계곡의 물길을 따라 위로 올라가 보기로 했다.

청운중학교 뒤편에 상당량의 계류가 있어 '자하문길'을 횡단하여 북악 위로 더 올라가서 활동하여야만 했다. 그곳에 설치된 하수구의 구조로 볼 때 상류의 여러 지류가 모여 청운중학교 뒤로 흐르는데 청와대 특별경계철책이 설치되어 군부대의 허락이 있어야 출입이 허용되므로, 당일은 등고선이 표시된 지도와 항측도에 그날 조사지점까지만 표시하고 다음 기회에 청와대 경계선 안쪽으로 들어가서 조사키로 했다.

2) 제2차 조사(2006. 11. 2)

이날은 2003년 KBS취재팀과 함께 답사했던 이형석(한국하천연구소장) 위원도 함께 참여하여 청와대 특별경계구역으로 들어갔다. 우리는 토목과 실무직원들과 함께 안내장교들의 협조로 계곡의 물줄기를 찾기 시작했는데 갈수기渴水期라 상류로 올라갈수록 계곡의 수량이 적어 조사에 어려움이 많았다.

우거진 숲속에서 물소리가 나는 방향을 찾아 북악산의 서측 계곡의 가파른 언덕으로 약 100m 가량 올라가니 물길마저 보이지 않았다. 그 때부터 물소리는 들리지 않아서 초조했지만 좀 더 올라가 보기로 하였다. 발원지로서는 건수乾水가 아니고 지하에서 솟아오르는 물줄기가 보이는 샘을 찾아내야 하겠다는 일념으로 칙넝

쿨과 잡목을 비집고 상류로 50m가량 더 오르는데 저 멀리 자연석 동굴처럼 보이는 바위굴이 시야에 들어왔다. 가까이 가보니 그곳에는 언젠가 약수터로 사용했던 작은 형태의 샘이 있었다. 수량은 얼마 되지 않지만 바위틈에서 미량의 물이 생명수처럼 솟아오르고 있지 않는가.

우리와 함께 조사에 임했던 이종태 교수 말에 의하면 이곳은 그가 경복고등학교 재학 중 자주 올라와서 약수를 먹었다면서 잠시 당시의 추억담을 이야기해 주었다. 1968년 1월 21일 김신조 일당이 청와대 침투를 시도하기 전에는 약수를 뜨려고 주변사람들이 이곳에까지 올라왔단다.

우리는 잠시 쉬었다가 부근에 이러한 샘터가 혹시 더 있지 않을까싶어 상류로 올라가 보았으나 물이 고여있는 샘은 좀처럼 발견되지 않았다. 더 이상 상류에 물길이 보이지 않자 조금 전 발견했던 바위굴 샘터로 다시 내려와 지하수임을 확인한 후, 이곳을 청계천 발원지로 보는데 서로가 의견을 같이 하였다. 이 샘을 발원지로 본다면 자하문 길에서 상류로 약 150m지점에 위치한다.

4. 청계천발원지 표석설치와 시민공원조성

종로구는 앞으로 청와대와 협의하여 금번 조사한 청계천 발원지에 표석을 설치하고 자하문에서 가까운 곳에 부지를 확보하여 청계천 발원지 표석을 세워 시민공원으로 만들 계획이라고 한다. 시민공원에 '청계천발원지' 표석을 설치할 경우, 실제의 발원지의 거리를 측정하여 별도 안내문(예 : 동쪽 160m)을 병기倂記하도록 조사위원들은 권고했다. 이처럼 청계천 발원지에 시민공원이 만들어지면 새로 물길이 열리는 청계천과 함께 그곳도 또 하나의 명소가 될 것이다.

난지도와 하늘공원

1. 지명유래와 변천과정

서울 마포구 상암동은 조선시대 한성부 북부 연희방에 속했다. 연희방 내에는 수상리水上里와 휴암동休岩洞이라는 마을이 있었으므로 위 마을의 이름이 상上자와 암岩자를 각각 따서 상암동이라고 명명했다고 한다.

현재 상암동은 난지도 북쪽에 위치해 있는 수상리와 월드컵 개막식이 열렸던 경기장 주변은 귀리歸里, 귀이깨, 풍무골冶洞이며 그리고 난지도는 중초도中草島, 이렇게 3개 지역으로 나눌 수 있는데 지명의 유래와 이곳에 얽힌 역사적 사실을 조사해 보았다.

1) 수상리(水上里)

수상리 지역은 장마가 지면 한강물이 올라와서 넓은 들판이 물에 잠기므로 '물치' 또는 '물위치'를 한자로 불리어졌다고 한다. 조선중기(1550~1613) 실학자 한백겸韓百謙의 저서에 보면 이곳에 대한 기록을 볼 수 있다.

2) 휴암(休岩), 부엉바윗굴

상암동의 2동 지역은 휴암, '부엉바윗굴'로써 마을에 부엉이 모양의 바위가 있어서 불리었던 것인데, 전에는 부엉바위에 부엉이가 울면 밤이 되었다는 것을 알려 구석말로 가는 걸음도 멈추었다고 한다. 부엉 바윗굴 뒷산이 매봉산인데 밤이 되면 매봉산의 매가 잠들고, 낮에는 부엉이가 잠들었다고 한다.

현재 상암동 2통에는 '모르지' 마을이라는 이름이 있다. 부엉바위굴 모퉁이에 있는 이 마을 이름의 유래는 상암동 노인회장을 역임한 송태용 옹에 의하면 옛날 이곳을 지나가던 나그네가 마을사람들에게 여기가 어디냐고 묻자 "모르지"라고 대답하므로 버럭 화를 냈다고 하였는데 이로부터 마을 이름이 "모르지"로 불러졌다고 한다.

3) 귀리(歸里, 귀이깨)

상암동 3통 지역은 귀리, 귕깨로도 불리는데 한강변의 귀가진 마을이라 하여 호칭되었다. 귀리에는 '구석말'이 있는데 구석에 위치해 있다하여 이와 같이 불리었다.

4) 풀무골((治洞)

풀무골은 월드컵 경기장이 있는 부근의 지하 기름저장 탱크(G4)

가 있다. 성산동은 조선조 인조 때 김자겸(1651), 효종 때 역모를 위해 무기를 제조하느라고 풀무질을 하여 마을이름이 유래하였다는 것이다. 인근에 '말무덤재'라는 고개가 있는데 일제 때 일본인이 말을 타고 이곳을 넘어오다가 말의 다리가 부러지자 차고 있던 군도軍刀로 말을 베어 죽이고, 이곳에 묻은 것에서 유래하였는데, 현재 월드컵 경기장이 자리 잡고 있는 곳이기도 하다. 기름저장소가 있던 곳은 땅속이 석벽으로 이곳은 강의 수심水深이 깊어 옛날에는 용이 나왔으므로 '용문출' 또는 용미출龍尾出이라고 하였다. 상암동 뒷산은 '도당재'라고 부른다. 이곳에는 전에 부군당이 세워져 마을에서 제사를 지냈으나 일제강점기 때 건물은 훼손되었고 고목나무만 남아있어 요즈음에도 마을의 통장이 중심이 되어 노인들이 제관을 선출하여 음력 초하루에 제사를 지낸다.

5) 중초도(中草島)

망원정 부근에서 한강과 갈린 난지 샛강이 행주산성 근처에서 본류와 다시 합쳐져 생성된 이 섬은 지질학으로 편마암으로 퇴적한 한강하류의 삼각주다. 철 따라 꽃이 피며 갈대가 무성하여 겨울철새가 찾아오던 광활한 초원의 섬이었다. 이 섬을 조선시대 기록이나 옛 지도를 보면 '중초도'라고 칭하고, 오리가 물 위에 떠있는 형상의 섬이라하여 '오리섬' 또는 '압도鴨島'라고 불렀다.

동국여지승람東國輿地勝覽에 보면 '중초도'는 주위가 22리로 갈대가 많아서 선공감繕工監에서 이를 베어다 국가의 조달품으로 사용하였다고 소개한다. 조선말까지 중초도라고 불리던 이 섬은 그 후 난지도라고 불리게 되었는데 아마도 샛강에는 맑은 물이 흐르고 수양버들이 늘어서서 낭만적인 분위기를 자아내기 때문에 난초와 지초가 어우러진 아름다운 섬이어서 난지도라는 이름이 붙여진 것이 아닐까 생각해 본다. 조선시대에는 이 섬에 기장과 조가 잘 자라서 수색의 매봉산 부근 사람들이 샛강을 건너다니며 농사를 짓다가 점차 뱃사람들이 이 섬에 들어가 살면서 삼남지방에서 곡식을 사오기도 하고 중국을 오고가며 무역을 하였다고 전한다. 30년 전까지만 해도 난지도에는 수많은 오리떼가 찾아왔으며, 70여 세대 주민들이 수수와 땅콩, 채소를 가꾸거나 젖소 등 가축을 기르며 살았다. 이 섬의 갈대숲이 아름다워 청춘남녀들이 산책을 즐기거나 애정 영화의 야외촬영 장소로도 이용하였고, 서울의 대학생들이 여름 캠프를 치는 곳이기도 했다. 그 당시에는 주민들이 샛강을 식수로 사용하고 목욕을 하기도 하거니와 민물고기를 잡아 매운탕을 끓여먹기도 했단다.

임진왜란 때 난지도는 두 가지 역할을 하였다고 전한다. 즉 서쪽에 위치한 행주산성에서 왜군과 접전이 벌어질 때, 조선군이 마포 서강나루에서 몰래 화살을 싣고 배의 돛을 내려 난지도 갈대숲에 배를 숨겨두었다가 썰물 때 강물을 따라 소리없이 내려가서 행주산성에 도달하여 화살 등을 공급함으로써 권율 장군이 왜군을 격퇴할 수 있었다고 했다. 또 다른 것은 서울을 점령한 왜군이 서강에 군량미를 부려놓은 것을 난지도에 주둔한 조선군이 배로 접근하여 화살에 유황을 묻혀 군량미를 태워버렸다는 것이다. 조선말 현 고양시 덕은리 난지도 샛강어구에 수적水賊이 배를 갈대숲에 숨어서 밀물 때 지나가는 상선을 습격하여 재물을 수탈했다는 것이다. 난지도는 1925년 을축년 홍수와 병자년(1936) 홍수 때 섬 전체가 침수된 적도 있었다 한다. 상암동 노인회장(엄명창 94세) 말에 의하면 을축년 홍수 때 상류에서 떠내려온 사람을 비롯하여 재목, 가축 등이 난지도 아까시아 고목에 걸려 일본 경찰이 주민들에게 인명을 구조하도록 했다. 그러나 물살이 너무 거세어 아무도 구조작업에 나설 수가 없었다. 현재 국방대학원 자리는 일제강점기 때 조선군 28부대가 주둔하였고, 6·25한국전쟁 후에는 1사단(사단장 김석원)이 주둔하였다고 한다.

특히 6·25 때 한강다리가 폭파되자 도강을 못한 한국군과 피란민들이 난지도로 몰렸다. 그러나 난지도에는 나룻배가 없었으므로 강 건너 염창동의 작은 배를 징발하여 도강하는데 사용하였다. 당시 승선순서는 먼저 군인, 다음에 경찰, 그리고 단체소속의 사람을, 마지막으로 민간인을 도강토록 했다고 한다.

조선시대 난지도는 원래 왕실의 소유였는데 구한말 이완용이 불하받아 소유하다가 1929년에 절반을 일본계 암촌岩村주식회사에 매도하였고 나머지는 홍종관이 구입하여 영농을 했다고 전한다. 광복 후에는 농지개혁으로 소작을 하던 사람들에게 소유권이 넘어가 농지대금을 분할 납부하였다고 했다. 난지도 주작물主作物은 수수였는데 땅콩으로 전작轉作한 것은 1955년으로 땅콩이 소득이 높다하여 거의 땅콩을 많이 재배했다.

1970년도 서울시는 난지도를 공원으로 조성하기로 했다. 1977년 1월 7일 눈 내리는 한 겨울에 19억 원의 공사비와 연 70만 명의 취로인원을 동원하여 7월 25일까지 길이 3,950m, 높이 7m, 폭 20m의 제방을 쌓음으로써 홍수를 막을 수 있게 된 후 난지도 지도가 바뀌게 되었다. 이 제방공사에 잡석은 남산3호터널 공사장에서 나온 것을 사용하였다. 그러나 이 무렵 서울시에서는 늘어나는 쓰레기를 처리하기에 고심을 하고 있을 때였다. 그 결과 1978년 3월 18일, 이곳을 쓰레기 매립지로 결정하였다. 이렇게 되어 해발 7m의 저지대 갈대숲에 서울시내의 쓰레기가 반입되기 시작하였다. 서울시는 1992년 11월 14일까지 15년간 쓰레기 매립장으로 사용하다가 1993년 3월 19일 매립장을 완전 폐쇄하였다. 그 결과 해발 90m의 쓰레기 인공 산 2개가 만들어졌다.

필자는 당시 마포구청 청소과장(77~80년)으로 난지도 보상업무를 직접 수행한 실무자(그때는 보상계가 없고, 관리사업소도 추후 발족하였음)였다. 재건대원과 마찰을 하면서 그들의 생활터전(움막)을 철거하느라고 어렵고 힘들었던 그 때의 일들을 생각해 보면 지면에 다 옮길 수가 없다.

이 섬의 총면적은 87만 평으로 그 중 52만 9천 평이 쓰레기 매립장이다. 쓰레기를 매립하고 흙으로 50cm를 복토하여 악취와 비산飛散을 방비하고, 여름철에는 소방용 헬기를 이용하여 항공소독을 실시하였다. 당시에 소방헬기 격납고가 김포공항에 있어 소독을 위해 유류저유소 앞에 착륙하여 소독약품과 물을 1회 200리터(한 드럼)밖에 적재할 수 없어 전 지역을 소독하는데 무려 5~7회 비행하여야 했다. 필자도 동승하여 난지도 주변의 고압선을 피하여 최저고도를 낮추어 항공소독을 했던 그 때를 회고하니 위험했던 여러 가지 기억들이 생각난다.

오늘날 난지도는 이름과는 걸맞지 않게 한 때는 상습수해지역으로, 서울의 쓰레기 매립장으로 조성했던 어둡던 과거에서 2002년 월드컵을 개최하면서 쓰레기산은 '하늘공원'으로 서울시민이 많이 찾는 아름다운 생태공원으로 변모했다.

서울문화사학회 창립30주년의 회고

필자는 서울시 공무원으로 35년을 재직 중, 10년을 종로구청에서 근무했다. 종로구는 조선시대 역사문화의 중심지로 경복궁을 비롯하여 궁궐과 우리의 전통문화가 그대로 담겨있는 보고寶庫이다. 그 때 나에게 서울의 역사를 일깨워 주었던 분이 김영상 회장이다. 나는 그분을 따라 주말이면 서울지역에 문화유적을 답사했고 학술활동을 통하여 문화재에 대한 관심과 역사공부를 하게 되었다. 86아시안게임과 88서울올림픽을 앞두고 서울시에서 손님맞이 준비를 할 때 나는 종로구청에서 실무과장(총무과장)을 맡고 있었다. 필자는 문화재와 역사관련 전문가의 도움이 필요하여 세분(김영상 : 시문화재위원, 하효길 : 국립박물관유물부장, 이종철 : 민속박물관장)을 자문위원으로 위촉했다. 그때 사직단을 복원하여 82년 만에 사직대제를 거행하였고, 성균관 내 비천당丕闡堂 복원, 역사인물(이율곡,

조광조)이 살던 곳에 표석을 설치하였고 인사·관훈동 전통문화축제 등 많은 일을 했다. 어느 날 김영상 회장은 나에게 "내 평생 서울의 역사를 연구하는 학회다운 학회를 만드는 게 꿈인데 현직에 있는 고완기 과장이 그 일을 맡아주었으면 좋겠다"고 했다. 그 즈음 시사편찬위원회가 있던 연희동에서 『서울향토사학회』를 발족했지만 김영상 회장은 학회사무실이 없어 나에게 사무실을 마련해보라는 부탁이었다. 그러나 공공청사 내 학회사무실 확보는 못했어도 정기적인 학술발표회와 모임장소로 서울시 각 구청이나 관할 동사무소 회의실의 무상섭외는 거의 필자의 몫이었다. 그때 나와 동성동본同姓同本으로 누님처럼 사귀던 고병복(작고)은 인사동 옛 건국대학건물 2층에 사무실이 있었다. 그는 해방 전 개성박물관장을 역임했던 우현 고유섭 박사의 장녀로 서울대 미술대학을 졸업하고, 아버지 유품을 모아 인사동에서 발우회(박물관대학수료자) 모임의 사무실로 활용했다. 그 분의 동의로 학회사무실을 종로 중심지로 옮기었고 비록 비좁았지만 매월 답사와 정기적인 학술발표회를 거듭하면서 서울지역에서 대표적인 학술단체로 성장하기 시작했다.

그 후 학회사무실이 협소하여 혜화동 경주이씨 종회(3층) 사무실로 이사했고, 제2대 회장으로 홍일식(전, 고려대 총장)이 선임되었다. 홍일식 회장은 교육자답게 학회에 청소년을 위한 프로그램을 만들어 운영해 보자고 하였으나 대수롭지 않은 문제로 학회가 둘로 양분되어 홍회장은 불명예스럽게 자퇴하셨다. 이상진(3대) 회장이 사무실을 송파구 삼전도로 옮겼다. 1995년 문화재청에 풍납·몽촌토성 문화재지킴이 단체로 등록하여 매월 1회 회원들이 모여 현장에서 지킴이활동을 전개했다. 필자는 삼전도에서는 교통이 불편하여 회원들이 자주 모일 수 없다고 생각하여 학회를 종로중심지 현 곡천빌딩으로 이전하는 데 앞장섰다. 반재식(전 종로문화원장)은 국악로 개설 등 오랫동안 나와 뜻을 함께했던 고향사람으로서 열악한 학회사정을 이해하고 전세금만으로 입주토록 배려해 주었다. 이상진 회장은 학회에 교육원을 운영하여 '서울문화유산 안내자 양성' 교육을 실시했다. 1996년 봄, 교육에 필요한 경비는 구청보조금(3백만원)과 수강료 등을 재원으로 제1회 서울문화유산 안내자 교육생 40명을 모집했다. 강사는 학회 소속 전문교수로, 관광분야와 외국어강사만 외부강사로 충원하여 8주 과정(총 60시간)으로 이론과 현장 매뉴얼로 안내자에게 필요한 역사지식과 현장실습, 평가시험에 합격된 자에 한하여 Story-Teller로서의 기본 실력을 배양토록 했다. 수료기념으로 전주한옥마을, 안동하회마을 등을 다녀왔다.

제1기생 교육(수료생 31명)은 인사동 하나로빌딩 8층에서, 제2기 교육(수료생 27명)은 창덕궁 앞 가든타워 10층을 임차해서 사용했고, 3기생(28명)과 4기생(46명) 그리고 5기생(28명)은 묘동 59번지(옛 종로3가 동사무소)를 전전하면서 연인원 160명을 배출하는데 교육기재 운반, 강의실 임차료 등 어려움이 많았다. 교육기간 중 매주 토요일 오후에는 풍납·몽촌토성 지킴이활동을 병행했다. 당시 종로구청장(김충용)은 종로공무원은 누구나 해설사교육이 필요하다고 하여 우리 학회에 교육을 위탁하여 총3회 120명을 실시하여 학회의 권위를 높이기도 했다. 매회(1~5기) 기를 거듭할 때마다 현장교육은 선배들이 맡아했고, 풍납·몽촌토성에서 매주 토, 일요일에 어린이 역사교육프로그램을 개설하고 학회에서 배출한 수료생이 전담하여 다소의 활동비를 지원했다. 때마침 북촌한옥마을이 서울의 주요관광명소로 각광을 받기 시작할 때 해설단체로 우리 학회가 용역을 맡아 한동안 운영하기도 했다. 2009년 이후 서울문화유산 안내자 양성교육을 없애고, 토성지킴이활동과 서울문화재단으로부터 받는 지원비도 중단되어 학회소속 교수들과 수료생들의 활동영역이 없어서인지 젊은 층 회원이 거의 학회를 떠났다. 지난날 필자가 교육원장으로 재임하는 동안, 풍납·몽촌토성지킴이 활동을 비롯하여 '서울문화유산 안내자 양성' 교육에 많은 도움을 준 홍성덕(제2기)·류연벽(제4기) 회원을 비롯하여 이원명(서울여자대학사학과) 교수는 우리 학회에서 안내자 교육을 이수하는 학생에게 학점을 인정해 주는 등, 학생모집에 헌신적으로 지원을 해주었다. 요즈음 학회지를 보면 그 때처럼 젊은 회원이 많지 않고 매월 수요강좌와 답사만으로 프로그램이 운영되어 아쉬운 느낌이 든다. 이제 학회창립 30년의 역사를 기리는 뜻에서 학회에 젊은 교수와 회원이 참여할 수 있는 새로운 프로그램을 접목시켜 시대에 부응하는 학회로서 좀 더 발전하는 모습으로 변화되었으면 한다.

성북구 문화유적 발굴과업을 마치면서

내가 살고 있는 아파트는 북한산 자락인 '솔재터널' 주변에 위치하여 매일 칼바위 능선도 오르내릴 수 있고 주변이 산으로 자연 경관이 좋다.

위치가 성북구와 강북의 접경지역으로 나는 오래전부터 이 고장 역사와 문화, 전설 및 설화집을 내려고 구청 및 학교 도서관에 자료를 수집해 왔다. 때마침 성북구에서 지역의 문화유산을 발굴한다는 공고가 있는데 과업이 내가 소속한 서울역사문화학회가 맡게 되어 무척 기뻤다. 과업은 4명의 교수가 분담하여 성북구를 4개 권역으로 나누어 사료조사 및 지표조사를 분담했는데 내가 맡은 성북동과 정릉동 지역은 북한산자락으로 다른 지역보다 활동 범위가 넓어 조사에 시일이 많이 걸렸다.

조사지역이 집에서 가깝고 매주 등산하는 코스로서 특히, 칼바위능선~보국문~대성문~일선사~형제봉으로 이어지는 산지형에 익숙하여 발굴조사에도 흥미가 있었다. 특히 북한산은 중생대말 화강암으로 구성되어 다른 곳과는 달리 담조색을 띄고 있다. 노출된 부분의 절리節理와 표면이 풍화작용으로 암벽이 돌출하여 불상佛像의 조영造營과 석각을 부조할만한 천연 화강석이 많다. 승가사와 도선사의 마애불에는 못 미치더라도 지금까지 발견되지 못한 숨겨진 불교문화재가 있을 것으로 막연하게 기대를 해볼 만한 곳이기도 했다.

금년은 정초부터 3월까지 날씨가 추워서 잔설이 남아있기 때문에 북한산의 조사활동은 4월에 접어들어 가능했다. 나는 20세 때 산사에서 한동안 생활을 하여 스님과 대화도 가능하고 인사동문화학교에서 불교미술에 대한 공부도 했으므로 보물이 있을만한 곳을 찾아 매일 조사에 임하면서 때로는 계곡의 무속인 안내를 받아 조사에 임하기도 했다. 그런데 쉽게 대하는 불교와 관련 유물들이 역사가 60~70년대에 조영된 석불, 석탑으로 최소 100여 년 전 유물은 발견되지 않아 시일이 갈수록 초조하기도 했다. 성북구청은 그동안 문화유산을 찾기 위해 2년 동안 산하 동사무소 등 행정조직을 통하여 사료를 수집하여 보았으나 성과가 없었다. 그 결과 발굴경험과 전문교수가 많은 외부단체에게 과업을 준 사정을 우리는 누구보다 잘 알고 있었다. 3차 모임에서도 단 한 건의 새로운 '문화재급' 유물을 찾지 못하면 학회의 명예에 누를 끼칠까 걱정도 생겼다. 따라서 나는 기어코 맡은 권역에서 찾아내리라 확신을 갖고 임했으므로 처음부터 크게 염려하지는 않았다. 이번 조사를 통하여 북한산에는 거북이처럼 보이는 바위가 많았다. 4방위 중 북한산은 현무玄武에 해당되어서인지 거북등에 또 하나의 거북이가 업혀서 전면에 미륵불을 향하여 기어가는 기묘한 형상의 바위도 있었다. 고려말 무학대사는 남경이 미래에 도읍지가 된다는 신념으로 한동안 북한산 토굴에서 지냈다는 전설적인 사료를 참고삼아 4~5개의 석굴을 발견하였다. 그러나 이를 뒷받침할 만한 증거사료가 없어 겨우 토굴 속에 남아 있는 산신각山神閣 자료만 조사할 수 있어 아쉬움이 많았다.

북한산은 조선초부터 숭유억불정책으로 불사가 어려웠기 때문일까? 그래서인지 불상과 명시나 절귀가 별로 눈에 띄지 않았다. 단지 우리의 토속신앙인 산신山神상은 여러 곳의 화강암에서 찾아볼 수 있었다. 그 중 북악터널 위 계곡에 진사 조정섭 양주인의 발원문發願文과 산신상山神像 2점, 나반존자상 등의 부조浮彫가 1860년으로 추정되어 문화재지정에 손색이 없어보였다. 형제봉 아래 심곡암 참나무는 수령이 500년으로 추정되고, 아래 너럭바위는 10여 평이나 되어 야외공연장으로 안성맞춤이었다.

근대문화유산 중 전통한옥은 보존관리에 특별한 대책이 요청되는 건조물이다. 정릉일대의 한옥은 종로 가회동 한옥보다 건물구조, 배치, 목재도 고급주택이 많아 보존할 만한 한옥으로 조사에 매력을 느꼈다. 그러나 이들 한옥은 재개발지역에 포함되어 별도의 보존대책이 없으면 거의 사라질 운명에 처했기에 시급한 대책을 건의했다. 현재 종로 가회동지역 뿐만 아니라 각 구별로 우리의 전통한옥은 옛날 고유문화가 배어있다. 그러기에 지역특화사업과 관광상품으로 연계하여 개발하면 좋아 자치구별로 보존대책의 필요성을 절감했다. 한옥에 거주하는 분들과 대화한 결과 선조로부터 물려받은 한옥에서 불편이 있어도 계속 살아가겠다는 그들의 바람이 엿보여 다소의 지원만으로도 보존이 가능하리라는 사실을 발견할 수 있었다.

이번 과업을 통하여 나와 더불어 조사에 임했던 문수진, 이상배 교수, 그리고 우리와 함께 실크로드 답사를 떠나려던 답사계획을 접고 혼자 남아 끝까지 미진했던 자료를 정리하여 기일 내 완성품을 제출하는데 고생을 많이 한 상명대학 김일림 교수님의 노고와 감사함을 잊을 수 없다.

이번에 우리 팀이 조사한 '성북지역 문화유산 사료'가 향후 국가 및 서울시문화재로 많이 지정되어 그로 인한 학회 위상과 참여 교수님들의 노고에 보답했으면 하는 소망이다.

「눈물 젖은 두만강」 노래의 배경

나는 중국도문 두만강이 내려다 보이는 곳에서 「눈물 젖은 두만강」 노래비 건립을 추진하는 이종덕 박사를 만났다.

1920년대 중엽 극단 '예원좌'의 배우였던 장월성이 구술한 「눈물 젖은 두만강」이 나오게 된 배경과 사연을 그때 알게 되었다. 1919년 3·1운동이 일어난 이후 당시 나라의 독립을 성취하려는 우리 민족의 한결같은 염원이 일제의 야만적인 탄압에 봉기蜂起는 실패로 끝났다. 수많은 우국지사들이 일제의 경찰에 끌려가 순국하였거나 현장에서 최후를 마쳤다

1930년대 중엽 극단 〈예원좌〉 일행은 중국동북지방인 용정龍井에서부터 시작하여 조선인거주 부락을 찾아다니며 순회공연을 했다. 극단 일행이 두만강변의 작은 도시 도문圖們의 한 여관에 여장을 풀고 잠을 자다가 밤중에 한 여인의 통곡소리를 들었다. 그날 우연히 여관에서 잠을 자다가 오열하는 여인의 사연을 알아보니

그 여인은 독립투사 문창학의 부인인 김종손녀로 독립군이 있다는 지역을 10여 년 동안 찾아다녔단다. 그런데 우연히 이 여관집 주인으로부터 자신의 남편은 1921년 훈춘에서 체포되어 서대문 형무소에서 이미(1923년 12월 20일) 사형되었다는 소식을 접하고 망연자실 통곡하고 있었기 때문이다. 마침 그 날이 남편의 생일날이었다.

평소 그녀의 남편을 알고 지내던 여관주인이 준비한 술상 앞에서 작곡가 이시우는 이 노래의 후렴을 통하여 알 수 있듯, 희생된 남편에 대한 그리움에 그녀의 목메인 애절한 호소를 '그리운 내님이여'라는 시어詩語로 승화시켜 빼앗긴 조국에 대한 그리움으로 은유되어 「눈물 젖은 두만강」이 창작되었다고 한다.

극단 〈예원좌〉는 장월성이라는 소녀배우로 하여금 막간에 나가서 이 노래를 부르게 하였다. 장월성은 그 당시 화술배우였지만 노래가 두만강 연안에 살고 있는 조선 사람들의 생활감정에 맞았기 때문에 그토록 관객들의 심금을 울려주었던 것이다. 그 후 순회공연을 마치고 서울에 돌아와 당시 OK레코드 전속 청년가수 김정구가 취입하여 대중적인 인기를 받기 시작했다.

(현상수기 입선작)-문화재청

풍납토성의 지킴이로서 남은 인생을 보내리라

1. 풍납토성과 첫 만남

1986년 6월에 발족한 '서울문화사학회'는 매월 서울시에 소재한 문화재를 답사하고 연 2회 지방과 외국문화유산을 답사하여 지금까지 206회를 돌파하였고 회원만 350여 명에 이른다.

나는 초창기부터 회원으로 참가하여 풍납토성을 답사한 것이 그해 10월초였다고 기억되니 거의 20년이 되는 셈이다. '서울문화사학회' 초대회장이신 김영상 회장님은 언론계(동아일보 편집국장)에도 계셨고, 향토사학자로서 한국일보에 『서울6백년』을 연재하셨다. 그분은 서울의 역사와 전통문화 등 나에게 많은 것을 들려주신 향토사학자로서 서울의 역사문화에 대한 해박한 지식과 관련자료 등을 많이 소장하고 있었다. 따라서 학회의 문화재답사 때는 그 분의 재미있는 역사이야기를 듣기 위해 매달 일요일에 실시하는 문화재답사에 빠짐없이 참석하여 전통문화와 서울의 지명地名, 연혁沿革에 남다른 관심을 갖게 되었다.

그 당시 풍납토성은 한강변에 위치하여 건너편 아차산성과 대치하여 고구려와 백제가 치열하게 한강변을 장악하려고 방어를 위해 쌓아놓은 산성으로만 비췄다. 때문에 하남위례성河南慰禮城은 천안 등 다른 곳으로 보는 견해가 많았다.

나와 함께 답사에 임했던 한종섭, 오순제 회원들은 하남위례성을 하남시 춘궁리 일대로 보고 몇 년간 개천절(10월 3일) 행사와 천제天祭를 검단산에서 지냈다.

2. 서울시 문화재 총괄책임자가 되다.

나는 서울의 중심지 종로구청에서 10년간 근무했다. 그동안 경복궁과 창덕궁을 비롯한 전통문화시설이 집결된 인사동과 북촌지역에 밀집했던 한옥조사와의 실무책임자로도 참여했다. 또한 서울의 문화재답사를 통해 흥미를 갖고 연구하기 때문에 서울시의 문화와 관련된 부서에서 다년간 근무하기도 했다.

'정도定都600년 행사' 준비를 앞두고 1992년 2월 필자는 서울시 문화재과장으로 전보되어 그 당시 문화재 보수를 대대적으로 정비했다. 인사동을 비롯한 북촌 전통문화지역을 연계하여 관광코스를 개발할 수 있는 사업 등을 기획했으며 문화재보수공사 현장을 둘러보는 일로 무척 분주하게 보냈다.

경희궁 복원, 운현궁 보수정비, 남산봉수대, 소악루, 동재기 언덕의 효사정, 남산골 한옥마을, 서울성곽 보수와 북한산성 복원, 사직대제, 장안골 편사습놀이 등 유·무형 문화재들이 그 당시 내가 기획했거나 계속사업으로 추진했던 사업들이다. 그리고 부임한지 10일도 못되어 '몽촌역사관'이 개관되었는데 작은 시설이지만 전시할만한 유물이 없어서 당시 서울시문화재위원인 임효재 교수(서울대박물관장)로부터 91점을 차용하여 진열하였지만, 텅 비어있는 상태였으며 홍보영상물로는 백제시대 서산마애삼존불을 테마로 한 7분 소요CD가 고작이었다.

그리고 몽촌토성 내 '집자리' 흙이 자꾸 무너져 원형보존을 위해 돔을 설치한 결과 내부에 습기가 제거되지 않아 큰 고생을 했다. 그 당시 서울시는 학예분야 전문직이 없어 역사관 운영에 어려움이 많았다. 그 후 문화재과에 학예연구직 TO를 받아 처음으로 전문專門공무원을 배치했다.

3. 풍납토성의 연도별 복원계획을 세우다.

1975년경에 복원(449m)하고 중단되었던 잔여성터를 매입하고 복원하기 위하여 풍납토성의 중장기 계획을 수립했다. 복원사업의 1차 연도인 1992년에 100억을 의회에 상정하였으나 서울시 재정이 어려워 첫해사업으로 50억 원만 확보되어 송파구청으로 하여금 부지매입에 착수했다. 이 금액은 평당 보상액이 100만원 미만으로 500평을 매입할 수 있는 예산이었다. 계획을 수립할 때는 보상완료지역부터 복원을 서두르려고 하였으나 현거주민 대표들이 찾아와서 "주민을 성 안에 가두려고 하느냐?"며 토성복원을 극구 반대했다. 그래서 우선 부지매입을 먼저 하기로 하고 연차적으로 보상계획을 수립했다. 그 당시 토성부지가 인근주민의 텃밭처럼 채소를 심고 밀과 보리밭으로 경작하고 있었으며, 곳곳에 쓰레기더미로 너무나 불결하여 사적지로 보기조차 민망憫惘했다. 그런데 오늘날 해자로 추정되는 지역까지 보상을 하게 되니 앞으로 기하급수적으로 늘어나는 보상금補償金 때문에 풍납토성 복원은 점점 어려워지는 것 같다.

4. 퇴직 후 풍납토성 지킴이로 나섰다.

서울문화사학회는 2005년 문화재청으로부터 풍납 및 몽촌토성 지킴이 단체로 지정을 받았다. 학회 회원들은 주로 전·현직 교수와 공무원, 주부들로 회원의 회비로 운영되어 사무실에서 상근하는 직원은 여직원 1명 뿐이었다. 나는 틈나는 대로 학회에 나가서 부족한 일손을 도왔으며, 풍납토성 지킴이 활동은 재직 때의 경험을 바탕으로 내가 전담했다.

우리 학회의 지킴이활동은 40명을 4개조로 편성하여 매월 풍납토성과 몽촌토성에 10명씩 투입한다. 학회의 젊은 회원 중에는 앞으로 '서울문화유산해설사'를 희망하여 현장학습 겸 자원봉사자로 나서는 사람도 있으므로 교육생과 함께 월 평균 2~3회는 토성에서 하루를 보내기도 한다. 이들 중에는 풍납토성 이웃에 살면서 지금까지 토성의 역사조차 모르고 지냈다는 자신의 부끄러웠던 지난날을 수필과 시에 담는 회원도 있다. 회원들은 학회의 명예와 한성백제시대 토성의 문화재 가치를 홍보하고자 어깨띠에 '한성백제 서울. 1문화재 1지킴이'로 어깨에 부착된 띠를 착용하고 매달 지킴이 활동에 나섰다. 토성을 돌면서 지킴이 활동을 하다보면 나에게 몽촌토성처럼 풍납토성에도 나무를 심어 그늘을 만들어 달라는 항의 섞인 건의도 한다. 이들에게 나무를 심어서는 안 된다고 하니, 몽촌토성은 나무가 많아 뜨거운 여름철에 그곳까지 간다며 불평하는 사람도 더러 있다.

몽촌토성은 서울올림픽 경기장 건설 때 남은 흙을 토성에 복토하면서 주변에 녹지를 조성하기 위하여 소나무를 심었다. 이제는 너무 자라서 별 필요성이 없어도 녹지단체나 시민들의 감시 때문에 엄두도 못내는 현실이다.

5. 풍납토성에 대한 홍보교육이 필요했다.

풍납토성 내에는 풍납토성초등학교와 토성초등학교가 있는데, 나는 이들 학교를 여러 번 방문했다. 나의 꿈은 도성에 관련한 교육을 하고나서 토성을 주제로 글짓기, 그림그리기 등 어린이 '문화재수기'를 편집하여 관련학교에 나누어 주고 싶었다. 위 학교 교감선생님을 만나서 나의 이러한 취지를 설명했더니 그들의 답변은 이러했다. "풍납토성이 무엇인지도 모르는 어린이가 어떻게 글짓기를 합니까?"

선생님의 이야기를 들어보니 '학교에서는 학생들에게 토성에 대한 역사이야기조차 들려주지 않고 있구나' 싶은 생각이 들었다. 학교가 풍납토성 안에 위치하고 학교명도 토성이름에서 유래되었는데, 토성역사를 안 가르치는 오늘날 교육현실이 실망스럽기까지 했다. 힘없이 돌아서는 나를 보고 "강사지원은 필요없고, 교육용 영상물을 지원해 주면 매주 토요일 공동수업시간에 전체학생에게 상영하겠다."라며 자료지원을 부탁했다. 이웃나라 일본은 문화재 시설을 지방교육위원회에서 운영하고, 그에 따른 교육프로그램이 지역학교와 연계되어 학생들이 학교주변 문화재탐방으로 어릴 때부터 역사를 배우게 된다.

오늘날 일본의 문화재 관리와 전통문화보존이 잘되고 있는 것도 이처럼 초등학교 때부터 문화재교육이 잘되고 있는 결과라고 나는 생각한다.

우선 이들 학교에 '몽촌 역사관'에서 활용하고 있는 어린이용 '토토고고학' '촌○네 집은 어데인가' 2편의 CD를 복사하여 학교에 나누어 주었다. 얼마 후 자료를 회수하고 결과를 알아보려고 이 학교의 교감선생님을 만났더니 학생들이 좋아하면서 한 번 더 보여주겠다며 다음번에 돌려주겠다고 했다.

여기에 힘을 얻어 2006년 보조금으로 중학교 이상 학생이나 일반인 교육용으로 '한성백제서울, 풍납 몽촌토성'이란 제목으로 영상물 DVD을 만들어 현재 교육용으로 활용한다.

6. 토성 주변의 '도깨비시장'을 정비하다.

풍납토성에서 지킴이활동을 하면서 가장 눈에 거슬리는 것은 복원이 완료된 동측 진입로변의 '골목안 시장'이다. 일명 '도깨비시장'으로 알려진 이곳은 토성진입로에 무허가 점포 17개, 좌판 24개 때문에 협소한 토성진입로가 차량통행과 지나는 사람들이 많아서 불편을 겪고 있었다. 더욱이나 토성을 보호하기 위해 설치한 울타리에 기대어 무질서한 천막과 상품적치로 무게를 견디지 못하여 보호철책이 비스듬하게 기울어지고, 토성 안쪽까지 적치물로 무질서하여 국가 주요사적을 관리하는데 문제점으로 남아 있었다.

2006년 4월 서울문화사학회에서는 이의 조속한 정비를 문서로서 송파구청에 건의했다. 며칠 후 회신을 받아보니 강력하게 정비하겠다는 다짐은 보이지 않고 통행에 지장이 없도록 지도하겠다는 미온적인 답변뿐이었다. 2차로 문화재청과 서울시로 하여금 강력한 정비를 내리도록 건의했다.

지난 해 구청장 선거기간 중 현 김영순 구청장은 선거운동 차 풍납1동사무소에 들렀을 때, 당선되면 해결하겠다는 약속을 했다는 말을 동장에게서 들었다. 나는 구청장을 찾아가서 조속한 정비를 재촉한 결과, 당선 후 업무파악으로 다소 시일이 필요할 것 같아 기다려야만 했다. 2006년 9월경 문화재지킴이와 함께 인사차 구청장을 만나보니 관내문화재를 소상하게 파악하고 앞으로의 구정방향을 밝히면서 문화재 보호차원에서 풍납토성문제는 책임지고 정리하겠다는 약속을 했다. 문화재에 대한 열정이 많아서 비록 여자 구청장이지만 그에게서 신뢰감이 보였다.

2007년 3월, 나는 지킴이 활동 차 풍납1동장(채관석)을 만났다. 알아보니 '4월 15일'을 기하여 강제 철거할 수 있는 제반 조치를 강구하고 있으니, 두고 보라며 이번에는 완전히 정비될 것이라며 귀뜸을 해주었다. 5월 10일 회원들과 함께 지킴이활동을 하다 그 현장을 보니 천막점포는 완전 철거되었고, 좌판까지 말끔하게 정리되어 있었으며 만일에 재발방지를 위해 화분을 군데군데 설치하여 놓았다. 알고 보니 구청에는 풍납토성 환경정리를 위해 특별대책반을 설치하여 이번 정비에 임했다고 했다. 그동안 남자 구청장들도 집단 민원이 두려워 방치했던 어려운 일을 여성구청장이 해결한 셈이다. 이를 보는 순간 10년 묵은 체증滯症이 완전히 뚫린 기분이었다. 그것은 우리들 지킴이 모두의 기쁨이기도 했다.

여성회원들은 '구청장 만세! 김영순 만세!'를 외치며 어린이처럼 좋아하는 것을 보니 같은 여성으로서 마치 그들이 해낸 것처럼 좋아하는 것이었다.

토성을 돌아보니 우리가 지적했던 올림픽대교 진입로변 석재와 물레방아 바퀴도 완전히 없어지고 주변을 깨끗하게 가꾸어 놓았다. 그리고 토성을 산책하다 다리가 아프면 걸어가도록 화강석 의자와 간이 화장실 등 주민의 편의시설까지 증설하여 토성환경이 몰라보게 좋아졌다.

7. 풍납토성 지킴이 활동보고회를 개최하다.

2005년부터 서울문화사학회는 지킴이 활동을 하면서 문화재지킴이들이 하는 일조차 모르는 일선 동사무소 공원과 시민이 많았다. 고작 풍납토성에는 북서쪽 주차장 자전거 대여소 옆에는 풍납토성관리소가 있으나 공익요원 2~3명이 근무하고 가끔 구청주관 부서인 문화체육과 담당직원이 출장차 나오는 정도지만, 정작 관할 동사무소는 관심조차 없었다. 우선 토성지킴이 활동은 많은 사람에게 알리기 위해 나는 되도록 토성지킴이날에는 다수의 인원을 동원하고, 대로는 풍납 1·2동 부녀회원들과 시범청소에 동참하여 문화재지킴이의 활동내용과 '한성백제'에 대한 이야기를 해주었다. 그리고 매월 지킴이활동 전, 동사무소에 들려 청소도구와 비닐 봉투를 지원받았다. 이는 학회에 청소장비 구입비가 없어서가 아니라 우리의 활동모습을 보여주고 문화재를 사랑하는 시민의식을 심어주기 위해서도 필요했다. 그렇게 하다 보니 이제는 풍납 1·2동사무소 직원들도 지킴이들의 활동을 이해하기 시작했다.

송파구는 풍납토성과 몽촌토성 이외에도 방이동 고분, 석촌동 돌무지 등 관내에 한성백제의 문화유산이 많은 관계로 지역주민들도 인접 문화재지킴이로 나서줄 것을 홍보할 필요성이 있기 때문이다.

2006년 11월 30일 토성활동 보고회를 개최코자 송파구청에 협조공문을 보냈다.

구청강당에서 하려고 한 것은 송파구청 공무원 이외도 구민이 많이 참석하여야 성황이 될 것만 같아서다. 그러나 구청에서는 풍납동 주민의 보상 문제로 집단민원을 제출하여 강당은 곤란하다며 그 대신 송파문화원 강당을 주선해 주었다. 대회날에는 위치관계로 생각했던 것보다는 적게 참석했지만 송파문화원장, 송파구 문화재보호자문위원, 학생 등 100여 명이 참석한 가운데 이루어졌다. 지킴이들의 모범 사례 발표 한성백제 주제의 특강을 듣고 풍납 및 몽촌토성에서 출토된 유물설명에 이어 조촐한 다과회를 마련하여 그 날 참석한 시민들에게 감사를 표시했다.

내가 이러한 일들을 할 수 있는 것은 35년 몸담아 왔던 서울시 공무원시절에서 얻은 경험을 토대로 추진할 수 있었으며, 현재는 공무원 신분이 아니라도 일에 대한 집념이 있기 때문이다. 아직도 서울시 각 부처와 구청에 둘러보면 나와 같이 근무했던 후배 동료들이 많다. 그들은 찾아가도 안면이 있어 선배로 대해주는 공무원이 있어 서먹서먹하지 않은 분위기다. 때로는 이들에게 퇴직해서까지 업무에 간섭하는 것처럼 부담을 주는 것은 아닌지, 나도 신경을 많이 쓴다. 그러나 과거의 신분을 의식하지 않고 봉사자로 일하는 나를 이해하고 처리해 주려고 노력하는 후배를 만나면 그들이 한없이 고맙고 감사한 느낌이 들 때도 많다.

이러한 관계로 수십 년 동안 방치되어 있던 골목 안 시장이 말끔히 정리된 것을 보니 서울시에 오랫동안 근무하고 문화재과장으로서 경험을 통하여 나의 이러한 활동을 신뢰하고 도와주는 내 주변에 동료가 있어 나는 결코 외롭지 않다.

끝으로 금년은 우리 학회가 지킴이활동 단체로 지정된 지 3년이 되는 해다.

이런 경험을 통해 올해는 매월 지킴이활동 이외에 '어린이토성현장학습반'을 운영하여 매월 2회(둘째, 넷째 주 토요일 : 일명 놀토) 풍납토성과 몽촌토성에 자유봉사 선생을 배치하고 있다. 처음 시작된 9월 9일에는 60명의 어린이와 자모들이 우리와 함께 현장에서 토성을 돌면서 역사이야기와 전시관 유물에 대한 설명을 해주었다.

이러한 토성지킴이 활동으로 나의 일에 대한 열정이 식지 않고 취미생활 활로까지 이어져 자원봉사이기에 '스트레스'도 없으니 건강관리에도 더 없이 좋다.

때로는 친구들과의 사소한 약속에는 나가지 않고 틈만 나면 풍납토성으로 달려가는 나를 보고 처음에는 보수가 있느냐고 빈정대는 친구도 있었지만, 이제는 내가 토성의 지킴이로 활동하는 것을 알고 이해하는 친구들이 많다.

만약 나에게 문화재지킴이제도가 없었다면 나는 나이가 많아서 이제는 설 자리와 찾아갈 곳이 없어 거리에서 방황하는 신세가 될 것만 같다.

앞으로 더 많은 시민들이 토성지킴이 활동에 동원하여 문화재를 사랑하는 '1문화재 1지킴이운동'이 토성 부근에 소재한 직장단체에까지 확산되어 매월 토성환경 가꾸기에 나서주도록 학교와 직장단체를 순회하면서 시민문화재 교육과 홍보를 위해 지킴이로서 더욱 매진하리라.

나에게 소망이 있다면 풍납토성에도 암사동 선사유적지처럼 출토된 한성백제 유물전시관을 운영하여 학생들은 체험학습장으로 활용하고, 지역주민들에게도 관광문화시설로 부가가치를 피부로 느낄 수 있도록 국가에서도 풍납동 주민들의 정서를 순화시킬 수 있는 정책을 수립하여 풍납토성이 이 고장 사람들에게도 사랑받는 문화유산으로 남아주기를 서울문화사학회 회원과 더불어 간절히 바라는 바다.

풍납토성지킴이 고 완 기

가춘리의 봄

인　쇄　2017년 11월 20일
발　행　2017년 11월 28일

저　자　고 완 기
발행인　孫 光 春
인쇄처　圖書出版 修 書 院
발행처　서울특별시 성북구 삼선교로2길 7-3
TEL.765-0924~5,　FAX.765-0927
E-mail　suseowon@hanmail.net
등　록　1971.12.9. No.2-282

ISBN / 978-89-6798-044-3

〈정가 15,000원〉